Dietrich Steinwede (Hg.)
Es leuchtet uns ein heller Stern

Es leuchtet uns ein heller Stern

Geschichten und Gedichte zur Weihnachtszeit

Herausgegeben von Dietrich Steinwede

Kaufmann Verlag

Bibliografische Information Der Deutschen Bibliothek

Die Deutsche Bibliothek verzeichnet diese Publikation in der
Deutschen Nationalbibliografie; detaillierte bibliografische Daten
sind im Internet über http://dnb.ddb.de abrufbar.

1. Auflage 2008
© 2008 Verlag Ernst Kaufmann, Lahr
Printed in Germany
Umschlaggestaltung: Stefan Heß und Rolf Zilling unter Verwendung
einer Fotografie © Holger Knecht/PIXELIO
Hergestellt bei Freiburger Graphische Betriebe, Freiburg
ISBN 978-3-7806-3071-1

Inhaltsverzeichnis

Gott will im Dunkel wohnen

Musik der Weihnacht

Advent

Kennst du den Zauber

Kennst du
den Zauber
dieser offenen Zeit
Wer hungert
der wird
glaub es mir
gesättigt werden

Rose Ausländer

Der Zauber des Advents

Die Wochen des Advents sind Wochen, in denen ich oft meine, in einer erhöhten „Sinnlichkeit" zu leben, empfindsamer zu sein. Ich rieche mehr, ich höre anderes, ich schaue aus einem anderen Blickwinkel, bin behutsamer, nehme anders wahr, bin offener als sonst für Zeichen und Symbole.

Es liegt für mich eine Art von Zauber über diesen Wochen, den alle raue und harte Realität nicht durchbrechen kann – im Gegenteil: Manchmal meine ich fast, dass dieser Zauber auch die brutale Wirklichkeit umfasst und verändert. Von diesen Tagen und Wochen scheint etwas auszugehen, das auch die hartgesottensten Herzen „aufweicht".

Oder sind es womöglich doch nur die langen Nächte der Dunkelheit, die die Sehnsucht nach dem Licht wachsen lassen? Jedenfalls – ich weiß nicht, warum oder wozu es bei mir so ist, aber es ist so: Zur Adventszeit gehören für mich unabdingbar Mandarinen, Nüsse und Weihnachts-plätzchen, Kerzen und Geschenkpapierrascheln, der Duft von Tannennadeln und das leise, fast unhörbare Geräusch fallenden Schnees. Ich schreibe Karten mit dem Gruß „Frohe Weihnacht!", bekomme Weihnachtsgrüße … Diese Wochen sind für mich irgendwie anders. Manchmal kommt es mir vor, als klinge da leise, ganz im Hintergrund, eine Melodie, die verzaubert, die mich vielleicht ein wenig neu zum Kind werden lässt, die mich das Staunen, das Offen-Sein lehrt. Advent muss ich hören, fühlen, sehen, riechen, empfinden, greifen können …

Mag sein, dass ich gerade in diesen eher dunklen Wochen, in denen „draußen" so wenig „Sichtbares" geschieht, meine Aufmerksamkeit eher nach innen, auf mich hin ausrichte. Die vielfältigen Sinnesein-drücke von außen nehmen ab, um den Eindrücken in mir Platz und Raum zu schaffen. Bei aller Hektik – so verlangsamt sich doch das Leben in mir. Advent und Weihnachten kann bei mir nicht nur mit dem Kopf stattfinden – ich brauche auch etwas für Herz und Hand. Manche mögen das sentimental nennen, für mich heißt es Sinnlichkeit. Und vielleicht ist es gerade eine solche Zeit, in der man, im Sinne von Saint-Exupéry, mit dem „Herzen gut sieht".

Dass sich die Werbung und die Wirtschaft genau dieses zunutze macht, kann man ihr fast nicht vorwerfen – offen bleibt dagegen die Frage, ob ich vor lauter Herz und Hand nicht manchmal vielleicht auch den Kopf ausschalte ... ob ich nicht unbewusst so sehr wieder Kind sein will, dass ich in kindliche Verhaltensweisen zurückfalle und mein Erwachsen-Sein auf Urlaub schicke.

Es ist ein Zauber, von dem diese Tage und Nächte vor der Wintersonnenwende umgeben sind, und ich darf mich in diesen Zauber hineinbegeben, darf mich – wenn ich nicht zugleich die Radikalität und Existenzialität dieser Tage und ihrer Botschaft dabei vergesse – verzaubern lassen.

Andrea Schwarz

Jesaja singt ein Jubellied

Die Steppe wird sich freuen, wenn er kommt.
Das dürre Land wird fröhlich sein.
Die Wüste wird blühen und sie wird singen.
Mit Blumen bedeckt, wird sie jubeln und tanzen.
Schreien wird sie vor Glück.

Dann sehen wir die Herrlichkeit,
die Pracht und die Hoheit unseres Gottes.
Stark werden die erschlafften Hände
und fest die zitternden Knie.

Ruft es den Verzagten zu: „Habt keine Angst!
Fasst wieder Mut!
Er ist auf dem Wege.
Er naht sich schon, euer Gott.
Er bringt euch die Freiheit und himmlischen Frieden,
Frieden des Herzens, Schalom!"

Und dann: Die Blinden können sehen.
Die Tauben können hören.
Und der Gelähmte springt wie ein Hirsch.
Der Stumme jubelt vor Freude.

Und seht: eine Straße!
Sie ist gut. Man nennt sie „heiliger Weg"!
Die Heiligen Gottes gehen dahin
als die Befreiten des Herrn.

Und hört: Sie rufen einander zu:
„Dort kommt er, unser Gott!"

Nach Jesaja 35, 1-10

Der Brief

„So was gibt's", sagte Lotzke, der nicht mal richtiger Briefträger war, nur Aushilfe. Er unterbrach
das Sortieren und betrachtete den gelblichen, zer-
knitterten Umschlag. „Weg damit, was?" Wißler
schielte über seine Brille. „Außerdem unfrankiert",

sagte Lotzke und reichte den Brief über den Stapel der Postsachen herüber.

Wißler schob die Brille nach vorn. Er drehte den Brief, las die Aufschrift, lächelte.

„Na, und?", fragte Lotzke. Er hatte sich eine Zigarette angezündet.

„Befördern", sagte Wißler.

„Befördern? Sie sind putzig!"

„Zigarette aus", sagte Wißler. Lotzke hob lässig die Achseln und drückte die Zigarette gegen das Tischbein.

Wißler warf eine Handvoll sortierter Postsachen in den Hammelbeeker Sack. Dann zog er ein großes, blau kariertes Taschentuch hervor. Er hatte Schnupfen, er hustete, und die Grotjahn hatte aus dem Fenster gerufen, er solle lieber daheim bleiben, aber was wusste die Grotjahn schon davon, was Schnupfen ist und was Dienst.

„Sie haben doch sonst alle Adressen im Kopf", sagte Lotzke rechthaberisch. Wißler war davon überzeugt, dass er den Schnupfen nicht gekriegt hätte, wäre er im Außendienst geblieben. Als Briefträger kriegt man keinen Schnupfen. Aber hier, in der Sortierstube, überheizt ist sie, dann geht die Tür auf, oder man muss zwischendurch auf den Hof, das Auto ausladen. Nee, Wißler wird wieder Außendienst machen, das stand fest.

Wißler sah gerade, wie Lotzke den Brief in den Drahtkorb schmiss.

„Gib her", sagte er scharf.

Lotzke bückte sich, fischte den Brief, der jetzt noch mehr zerknittert war, aus dem Abfall und warf ihn auf Wißlers Stapel. „Quatsch, so was", knurrte er.

Wißler glättete den Brief zwischen den Fingern und steckte ihn in die Tasche. Er sortierte weiter, bald in den Hammelsbeeker Sack, bald in den von Garmissen oder Strohmühle. Nach einer halben Stunde wurden die Säcke von der Stange genommen und raus geschafft in die Autos.

Wißler stampfte den Schnee von den Stiefeln und ging langsam die Treppe hinauf; er keuchte. Oben, vor der Tür des Vorstehers, nahm er die Mütze ab. Malinowski saß am Tisch und frühstückte. „Was kaputt, Wißler?"

„Nee, nur der Schnupfen, wissen Sie."

„Na ja. Wir haben alle mal Schnupfen. Dafür ist Winter. Da kommt so was vor."

„Bei mir nicht, Vorsteher. Ich habe in zwanzig Wintern nie Schnupfen gehabt. Auch keinen Husten."

„Da wird es ja Zeit. Jünger sind Sie schließlich nicht geworden. Oder passt die Tante Grotjahn nicht genug auf?"

„Frau Grotjahn? Was sollte die denn – ?"

Der Vorsteher schnitt ein Stück Wurst ab und schob es in den Mund. „Spaß natürlich, Wißler! Spaß muss sein!" Er wischte sich über die Lippen.

„Soviel ich weiß, hat die Grotjahn den Mann verloren?"

„Vor zwei Monaten", sagte Wißler.

„Keine Enkelkinder?"

„Das schon. Aber alle außerhalb."

Der Vorsteher spitzte ein Streichholz zu und stocherte zwischen den Zähnen.

„Sie wohnen nebenan?"

„Ja", sagte Wißler.

„Und Ihre Frau ist doch auch – " Wißler nickte.

„Na, da könnte die alte Grotjahn doch mal bei Ihnen reinsehen. Ich meine nur so. Oder haben Sie jemanden?"

„Nein", sagte Wißler.

„Wer kocht denn?"

„Ich selber", sagte Wißler.

„Und die Wäsche? Und einholen vom Kaufmann? Und heizen?"

„Ich habe mich daran gewöhnt", sagte Wißler.

Der Vorsteher betrachtete sein Taschenmesser. „Weshalb kommen Sie eigentlich?"

Wißler druckste.

„Na, was ist?"

„Ich möchte wieder in den Außendienst, Herr Vorsteher."

„Was? Briefe 'rumtragen? Bei dem Sauwetter? Sie wollen wohl endgültig in die Kiste? So kurz vor Weihnachten?"

Wißler blickte auf seine Mütze. „Solange ich im Außendienst war, habe ich mich nie erkältet. Es war auch schöner. So draußen herum. Von Haus zu Haus. Man kommt mehr unter Menschen."

„Ihr Ernst, Wißler?" Der Angeredete nickte.

„Na ja, mag sein. Wollen sehn, was sich machen lässt. Noch was?"

Wißler griff in die Rocktasche.

Der Vorsteher knüllte das Frühstückspapier in der Faust zusammen und setzte die Brille auf. „Unbestellbar?", fragte er, den Brief musternd. Gleich darauf lachte er. „Tja, wenn der man hier wohnte!"

„Vielleicht wohnt er hier", sagte Wißler.

Der Vorsteher starrte den Alten verdutzt an. Schlecht rasiert, dachte er. Verdammt blass. Der war früher ganz anders. Mehr auf Draht.

„Wohnt hier, sagen Sie? In der Garage! Oder im Holzschuppen!" Er griff nach dem Messer.

„Erst mal den Absender ermitteln." Der Vorsteher schnitt den Umschlag auf, zog den Brief heraus und faltete das Blatt auseinander. „Ein alter Frachtbrief", sagte er enttäuscht.

„Drehen Sie mal um", meinte Wißler.

Richtig, die Rückseite war mit Bleistift beschrieben. Schiefe Buchstaben, krakelige Schrift.

„Können Sie das lesen?", fragte der Vorsteher, nachdem er eine Weile buchstabiert hatte. „Ist ja alles klein geschrieben!"

Wißler schob die Brille vor und las. Halblaut las er, während der Vorsteher die Streichholzschachtel auf- und zuschob:

„ – lieber Gott, alle Kinder haben eine großmutter, nur wir nicht! bitte, lieber gott, wir wünschen uns eine großmutter. sie muss geschichten lesen und kuchen backen und stricken. eine richtige großmutter, die kinder aus der baracke."

„Kurios!", lachte der Vorsteher. „Wozu die Post alles gut ist! Zeigen Sie mal her – sie muss Kuchen backen – na klar, und stricken – und da soll nun der liebe Gott ..."

„Ja", sagte Wißler.

Der Vorsteher griff wieder nach der Streichholz-schachtel.

„Hatten wir nicht vor Jahren schon so was? Warten Sie mal. Ja, ich entsinne mich. Damals haben wir die Sache weitergeleitet. Ich glaube, an die Kreisverwaltung. Nee, an die Mission. Ist auch egal. Kennen Sie die Baracke? Sieht es da wirklich so schlimm aus? Wie viel Kinder sind das denn?"

„Vier", sagte Wißler.

„Und die Mutter?"

„Tot. Der Vater ist Müllkutscher."

„Aha. Da sind die Bälger den ganzen Tag – "

„Genau so", sagte Wißler.

Der Vorsteher wendete sich ab. „Gut. Ich werde den Brief weiterleiten. In Ordnung, Wißler. Und über den Außendienst sprechen wir noch. Wie alt sind Sie eigentlich?"

„Dreiundsechzig."

„Hm", der Vorsteher zog die Uhr aus der Tasche. „Ich habe zu tun, Wißler."

Der Alte räusperte sich. „Geben Sie mir den Brief." „Wieso? Was wollen Sie damit?"

„Befördern." Der Vorsteher lachte, nicht ohne einen Anflug von Ärger. „Sie sind der geborene Briefträger, das muss man schon sagen! Da haben Sie den Wisch. Meinetwegen. Machen Sie damit, was Sie wollen! Geht zwar gegen die Vorschrift, aber vielleicht finden Sie ihn, den Adressaten! Außerdem, überlegen Sie mal, Wißler. Wo sie doch neben Ihnen – nichts für ungut, Wißler – "

Im Hinausgehen faltete Wißler das Papier zusammen und steckte es zurück in das Kuvert. Kein schlechter Vorschlag, dachte er. Die alte Grotjahn. Sauber ist sie und tüchtig. Noch gut auf den Beinen. Und allein ist sie auch.

Wißler nickte befriedigt, als er nach Dienstschluss nach Hause ging, das heißt, er ging nicht gleich nach Hause, er ging ein Haus weiter. Dort blickte er sich um, ob ihn auch niemand sähe. Dann klingelte er. Die alte Grotjahn öffnete nicht gleich. Endlich hörte Wißler sie durch den Flur kommen. Sie hatte die Ärmel hochgekrempelt. Ihr Gesicht glänzte.

„Na, was ist? Ich bin beim Backen, das siehst du doch!"

„Hast du einen Augenblick Zeit?", fragte Wißler.

„Nee, nee, erst muss der Kuchen in die Röhre. Aber du hustest ja. Du machst doch nicht wieder Außendienst?"

„Nein, nur heute. Und ich muss dich gleich sprechen."

„Was Wichtiges?"

„Ich habe einen Brief für dich", sagte Wißler.

„Für mich? Wer soll mir denn schreiben? Die Enkel doch nicht?"

„So was Ähnliches", sagte Wißler.

Die alte Grotjahn legte die Stirn in Falten. Sie wusste nicht, was sie von Wißlers Andeutung halten sollte. „Na hör mal. Willst du mich noch länger hier draußen – "

„Nee, nee", sagte die Grotjahn, „komm nur 'rein, rasch."

Wißler lächelte und klopfte den Schnee von den Füßen.

Rudolf Otto Wiemer

In den dunklen Tagen

Haltet in den dunklen Tagen
euer Herz bereit!
Tannen werden Lichter tragen,
und die leuchten weit.

Leuchten in der Nächte Schweigen
und im kalten Wind.
Sterne werden sich bezeigen,
die noch ferne sind.

Schon erglüht ein heimlich Gleißen
in der Mitternacht.

Denn ein Kind ist uns verheißen,
das uns fröhlich macht.

Und die Himmel werden ragen
über alle Zeit.
Haltet in den dunklen Tagen
euer Herz bereit!

Rudolf Otto Wiemer

Adventslied

Der kommende Gott
wird größer sein
als du und ich ihn gedacht,
der kommende Gott
wird größer sein
als wir ihn zurechtgemacht,
der kommende Gott
wird größer sein
und lebendig, nicht tot und verstaubt,
der kommende Gott
wird größer sein
als die Kirche ihn je geglaubt.
Denn der kommende Gott
schließt uns alle ein,
ob Jude, ob Moslem, ob Christ,
denn der kommende Gott
ist nicht Mein oder Dein
und er fragt nicht,

was du wohl bist.
Denn der kommende Gott
ist für alle da,
ein Gott für die ganze Welt,
denn der kommende Gott
ist dem Menschen nah,
der sich fragt, wer die Welt erhält.
Denn der kommende Gott
war schon immer der Gott,
den sie alle, sie alle gemeint,
denn der kommende Gott
ist der einzige Gott,
der uns alle, uns alle, vereint.

Jochen Rieß

Weihnachten – Geburt

Nicht, dass ein Engel eintrat

Nicht, dass ein Engel eintrat (das erkenn),
erschreckte sie. So wenig andre, wenn
ein Sonnenstrahl oder der Mond bei Nacht
in ihrem Zimmer sich zu schaffen macht,
auffahren –, pflegte sie an der Gestalt,
in der ein Engel ging, sich zu entrüsten;
sie ahnte kaum, dass dieser Aufenthalt
mühsam für Engel ist.
Nicht, dass er eintrat, aber dass er dicht,
der Engel, eines Jünglings Angesicht,
sich zu ihr neigte; dass sein Blick und der,
mit dem sie aufsah, so zusammenschlugen,
als wäre draußen plötzlich alles leer
und, was Millionen schauten, trieben, trugen,
hineingedrängt in sie: nur sie und er;
Schaun und Geschautes, Aug und Augenweide
sonst nirgend als an dieser Stelle –: sieh,
dieses erschreckt. Und sie erschraken beide.
Dann sang der Engel seine Melodie.

Rainer Maria Rilke

Als der Engel gegangen war

Der Wind wehte zum Fenster herein. Ganz leicht streifte er ihre Wange. Ihr war es, als erwache sie aus einem Traum. Ein Traum…? Sie stand auf und legte das Kleid, an dem sie flickte, zur Seite. Im Fenster war heller Tag. Sie trat heran und schaute auf die Gasse hinunter. Sie sah aus wie immer.

Aber das herrliche Bild verblasste nicht, wie Traumbilder verblassen. Noch nach Tagen und Nächten sah und hörte sie alles genauso deutlich, als sei es gerade erst geschehen – und doch: Sie fühlte sich seltsam fremd, als sei es ein anderes Mädchen gewesen, dem diese Begegnung widerfahren war.

In ihrer Erinnerung sah sie sich selbst, hörte sich Unerwartetes aussprechen. Hatte sie wirklich so mit dem wunderbaren Fremden gesprochen? Dem Fremden, den sie für einen Boten Gottes halten musste? Hatte sie, das arme Mädchen, ihm wirklich in die Augen gesehen und ihm Fragen gestellt? Aber er hatte sie gegrüßt! So wie niemals ein Mann ein armes Mädchen gegrüßt hatte. Wenn sie auch nur einen klaren Gedanken hätte fassen können, so hätte sie gewiss eine Schüssel und Wasser geholt, um dem Reisenden die Füße zu waschen, sie hätte ihn bewirtet und mit niedergeschlagenen Augen hinter ihm am Tisch gestanden. Ja! In dieser Kammer war die Welt auf den Kopf gestellt worden! Für ein paar Augenblicke war nichts, wie es zu sein hatte!

„Josef würde mich nie so grüßen!", schoss es ihr durch den Kopf. Und da erschrak sie. Durfte sie so denken? Dabei freute sie sich doch auf die Ehe! Oder? Von klein auf hatte sie gelernt, sich darauf zu freuen. Auf den Haushalt, die Kinder, das war ihr Ziel. Ein anderes gab es ja auch nicht. An jedem Abend, wenn sie die Augen schloss, leuchtete das sonnengoldene Bild wieder auf und sie hörte sich mit dem Boten sprechen…

Maria erwachte. Nicht vom Hahnenschrei. Es war noch finster. Ihr Lager war klamm vor Schweiß und sie spürte ihr Herz. Dennoch stand sie auf, um die Ziege zu melken und aus dem Haus zu lassen, wie an jedem Morgen. Aber der Schlaf wollte nicht von ihr weichen. Taumelnd schleppte sie sich zum Schlafplatz der Ziege. Als ihr der strenge Geruch in die Nase stieg, schüttelte es sie vor Übelkeit. Sie stürzte hinaus, als liefe sie um ihr Leben.

Es war schon geschehen! Es war geschehen – und sie noch im Hause ihres Vaters! Geschehen, ehe Josef sie heimgeführt hatte! Welchen Gruß würde er nun für sie haben? Sie stieg auf die Dachterrasse und kauerte fröstelnd nieder.

Sie versuchte zu denken. Was würde geschehen?

Der Vater … Josef … die Brüder … die Mutter … Maria hätte laut schreien mögen. Die Schande!

Lange weinte sie vor Entsetzen.

Da durchfuhr es sie wie ein Speer: das Kind! Was wird aus dem Kind? Wenn sie gesteinigt wurde

– oder würde man warten, bis sie es ausgetragen hatte? Sollte sie fliehen? Wohin? –

Aber war es nicht ihre Pflicht, sich Gottes Gesetz zu unterwerfen? Seinen Gesalbten würde der Herr gewiss beschirmen ... Und dann? Wenn sie nicht mehr da war, wer sollte ihm erzählen von dem goldenen Fremden ... nun: Der Bote selbst. Er oder ein anderer. Gott brauchte sie nicht dafür.

Sie würde nicht mehr sehen, wie der Retter, ihr Sohn, das Volk Gottes befreite. Natürlich. In vierzig Wochen würde ihr Dienst erfüllt sein. Ihr Dienst als Gottes Magd. Ernüchtert richtete sie sich auf und sah in den harten kalten Sternenhimmel empor. Als Kind hatte sie geglaubt, die Sterne seien Löcher, durch die das Himmelslicht fällt. Ihr Bruder Aaron hatte sie ausgelacht und war zum Vater gelaufen, um ihm zu erzählen, wie dumm seine Schwester war. Der Vater hatte ihn auf den Schoß genommen und gefragt: „Weißt du denn auch, warum es so viele Sterne gibt?" Nein, das wusste Aaron nicht. Maria erinnerte sich an die Geschichte, die der Vater Aaron erzählt hatte: Abraham war schon alt gewesen und hatte immer noch keinen Sohn. Da fragte ihn Gott, ob er die Sterne zählen könne. – Maria sah keine Sterne, denn die Tränen verschleierten ihren Blick. Sie zwinkerte mehrmals. Nein. Man konnte sie nicht zählen.

„So zahlreich sollen deine Nachkommen sein!" Wer hatte das gesagt? Es hatte geklungen wie die Stimme des Boten!

„Nachkommen?", fragte sie atemlos.

„Du wirst die Mutter meines neuen Volkes sein."

Maria fuhr herum. Aber da war niemand. Sie zog den Mantel fester um sich und starrte in den Himmel. Lange saß sie reglos. Aber die Stimme hörte sie nicht wieder. Der Hahn krähte. Sie schlug die Augen auf … blinzelte – und hielt dann die Augen starr geöffnet, aus Angst, das herrliche Bild könne doch noch verschwinden. Zwischen den Sternbildern sah sie eine Frau bekleidet mit der Sonne und die Mondsichel unter ihren Füßen, in ihrem Haar einen Kranz von Sternen. Sie war schwanger und sie schrie. Sie schrie wie Maria hätte schreien mögen, eine Stunde zuvor. Ihr gegenüber stand ein Ungeheuer. Ein blutroter Drache mit sieben Köpfen und sieben Kronen. Sein Schwanz fegte viele Sterne vom Himmel. Aber sie gebar ihr Kind. Der Drache sperrte seine sieben Rachen auf – aber das Kind wurde in Gottes Himmel aufgeoben. Die Frau wandte sich zur Flucht – aber da segelte ein großer Adler heran und gab ihr seine Flügel …

Und Maria flog davon. Weit unter sich das Dorf, die Berge, die Steppe …

„Wach auf, mein Mädchen! Was tust du denn hier oben?", fragte die Mutter.

Maria stand auf. Es war Tag. Wie ein siegreicher Held stand die Sonne am Himmel. Der Retter würde kommen. Sie würde das Tor sein, durch das er einzog. Alles andere war unwichtig.

„Josef ist da!" Die Mutter strich ihr das Haar zurück, küsste sie auf die Stirn und stieg hinab. Maria sah in den leuchtenden Himmel. Wo das glitzernde Bild von der Himmelskönigin gestanden hatte, war nun die Sonne.

„Sei gegrüßt, du Begnadete, der Herr sei mit dir."

Maria schrak zusammen und fuhr herum. „Josef! Mein Herr!" Sie schlug die Augen nieder, aber er legt die raue hornige Hand unter ihr Kinn und hob sanft ihren Kopf.

„Fürchte dich nicht, Maria", sagte er. Und als Maria den Blick hob – sah sie in die Augen des Boten, die im Gesicht ihres Mannes standen wie zwei Sterne.

Gisela Ottstadt

Magnificat

Sie kam den Hang herauf, schon schwer, fast ohne
an Trost zu glauben, Hoffnung oder Rat;
doch da die hohe tragende Matrone
ihr ernst und stolz entgegentrat

und alles wusste ohne ihr Vertrauen,
da war sie plötzlich an ihr ausgeruht;
vorsichtig hielten sich die vollen Frauen,
bis dass die junge sprach: Mir ist zumut,

als wär ich Liebe von nun an für immer.
Gott schüttet in der Reichen Eitelkeit
fast ohne hinzusehen ihren Schimmer;
und sorgsam sucht er sich ein Frauenzimmer
und füllt sie an mit seiner fernsten Zeit.

Dass er mich fand, bedenk nur, und Befehle
um meinetwillen gab von Stern zu Stern –

Verherrliche und hebe, meine Seele,
so hoch du kannst, den HERRN.

Rainer Maria Rilke

Wenn das man gut geht

Gott behüte, die Nacht ist bald um, und vielleicht
hätte ich doch noch Platz für die beiden gehabt,
aber ich dachte: Wo soll dann der Großvater hin,
der Obadja, der liegt in der Ecke und spuckt, und er
hat auch keine sauberen Füße. Das ist nichts für das
schwangere Mädchen, auch wenn ich mit ihr verwandt bin, wie sie behauptet, aus Davids Haus und
Geschlecht. Gewiss, der Alte, wenn er getrunken
hat, sagt: „Erinnere dich, Josepha, was unserem
Stamm geweissagt wurde vorzeiten." Schon möglich, doch wer weiß das genau und wer bildet sich
darauf was ein? Heruntergekommen sind wir, die
Hütte ist nichts mehr wert, der Acker verlottert.
Und diese – wie heißt sie doch, vergesslich wird

man, weiß Gott, die Ohren wie zugestopft, die Augen wie blind – wer kennt sie?

Die Umstände freilich, die gesegneten, wie man so sagt, die sah man sofort. Bin nicht umsonst Hebamme gewesen, an dreißig Jahre, jawohl. Todelend war sie, das Mädchen, konnte sich kaum auf den Beinen halten, diese Maria – jetzt fällt der Name mir ein, Maria aus Nazareth, Gott behüte.

Und was der Alte neben ihr ist, ihr Verlobter, sagt sie, man muss sich fragen: Wie kommt sie zu so einem Graubart? Man braucht sich doch nicht zu verkaufen aus Davids Geschlecht. Man sieht sich doch vor, man hat einen Mund, der nein sagen könnte, egal, wer da kommt, und wär' es ein Herr, meinetwegen der liebe Gott selber – worauf, so dachte ich, hast du, Mädchen, dich eingelassen? Hast du gewusst, was du tust? Denn ausbaden zuletzt musst du es, Maria, das weißt du. Da hilft kein Augenaufschlag und kein Seufzen, der Fußmarsch nach Betlehem muss erst mal sein, weil der Kaiser in Rom es befiehlt, ganz einfach.

Was fragt der Kaiser Augustus nach schwangeren Weibern, der hat, mit Verlaub, nur die Steuern im Kopf.

Obadja, sobald er den Namen „Augustus" hört, spuckt aus und knurrt: „Da siehst du, Josepha, wie die Sanftmut regiert, wie der Friede gemacht wird, wie die Wölfe brüderlich bei den Schafen liegen."

„Obadja", sage ich, „sind wir denn besser? Warum", so sag' ich, „haben wir sie nicht aufgenommen? Hat doch dreimal geklopft, das Mädchen, hat gezittert vor Kälte, hat gesagt: ‚Wenn es Euch angenehm ist, Großmutter Josepha‘ – na, und war es uns angenehm, Alter?“

Freilich, es geht seit Wochen schon so mit dem Fragen und Klopfen. Überall fremdes Gesindel, das liegt herum und nistet sich ein, wird noch kahlfressen den Ort wie die Heuschrecken Pharaos Kornfeld. Gottchen, verzeih mir, denn jeder ist sich selber der Nächste. Gelebt hab’ ich lange genug, das zu erfahren, und wie der Mensch gemacht ist seit Adams Fall.

Immerhin, kaum waren sie wieder ins Wetter hinaus, da tat es mir leid, bin vielleicht auch nur neugierig gewesen. Umsonst hört man das Gerede ja nicht von Davids Geschlecht und dass ein Retter, ein König, soll kommen aus dieser Ecke der Welt.

O ja, gebrauchen könnten wir ihn, den Retter, könnten ihn brauchen jeden Tag neu. Obadja, der alte Kerl, er ist schon ziemlich klatrig geworden, flucht auch mitunter und sagt: „Gerechtigkeit gibt’s nicht, hörst du, Josepha? Wie hätten wir sonst bei schwieligen Händen nichts als den halben Acker; dagegen Jephta, der Großherr, der abends sich Harfe vorklimpern lässt, der nichts fragt nach dem Gesetz und dessen Hände trotzdem gesalbt sind, hat an Kebsweibern fünf und zweihundert Acker Land obendrein – ist das gerecht? Ist das in Ordnung?“

Ich denke: Nee, Gott behüte, gerecht ist das nicht. Auch nicht, dass unser Amos, der Erstgeborene, als das Wetter von Tiberias aufzog, beim Fischen ertrank. Nicht, dass Jehuda, der zweite, erstochen wurde im fernen Damaskus. Dass Hannah, die Tochter, im Kindbett starb. Und David, der letzte, der kleine, rotblonde David, auf der Straße beim Spielen – Gottchen, verzeih mir, dass ich dich jetzt, nach dreißig Jahren, noch danach frage – musste das sein, Gott, mussten die heidnischen Gäule, die man zur Tränke geführt, scheu werden vor nichts, vor einer Zikade vielleicht, die ihnen ins Auge flog, damit du – oder wer war es – den kleinen unschuldigen David, der dort mit Steinchen spielte, konntest zertrampeln lassen, das letzte der Kinder, und unsereins lebt noch?

Ist denn die Unschuld, Gott, zum Leiden bestimmt, zum Lückenbüßer? Und was, so frag' ich, wenn du mit Davids Stamm so unachtsam umgehst, soll wohl werden aus dem, der nicht mal in einem menschlichen Haus, nicht mal auf dem Pfühl, nein, der im Viehstall bei Ratten und Mäusen, verzeih mir, zur Welt kam, ohne richtigen Vater?

Ja doch, ich habe es liegen gesehn, das Kind, auf dem Holz, wo sonst, auf nacktem Holz in der Futterkrippe. Zu meiner Schande sah ich's, neugierig bin ich gewesen, nahm vom Haken das Tuch, lief umher in den Gasthöfen, fragte, wo denn die Schwangere untergekommen, die Jungfer Maria, die behauptet, mit unsereinem verwandt zu sein.

Was ist das, Verwandtschaft? Wie kommt sie zustande? Wie kann man sie prüfen, wenn man das Blut in den Adern nicht kennt, nicht weiß, wie dunkel sich's fortzeugt? Ist nicht Tamar, die Urmutter, wie in der Schrift steht, Schwiegertochter des reißenden Löwen Juda gewesen und Frau ihm zugleich? Und Rahab, die Josuas Kundschafter rettete, war sie nicht eine Hure? Was für Geschichten in Davids Stamm! Bewahre mich, Gott, der Gerechte, hochmütig zu werden, dass ich andre, die ihres Kindes Vater nicht kennen, verachte. Hab' ich doch selber die Jüngste, die Judith, ohne meinen Ernährer heimlich empfangen, und heimlich ging sie davon, mit sechzehn, ungelogen, war weg eines Morgens, nach Sidon, nach Tyrus, wer weiß es. Verschollen, sagt man, und wer, sooft man nachts den Zufällen nachsinnt, will sie leugnen, irgendeine Verwandtschaft, wenn es ans Tor klopft und ein Mund sagt: „Großmutter Josepha?"

Kurz, ich hatte ein schlechtes Gewissen, stellte rasch dem Obadja das Brot auf den Tisch, der Wind ging von Norden, man kam schlecht vorwärts, und fast, nachdem ich lange vergeblich geforscht, hätte ich ihn nicht gesehen, den Stern, der, wie es hieß, seit der neunten Stunde über dem Ort stand. Alles, was recht ist, ein großmächtiger Stern, ich fürchte, viel Gutes hat so was nicht zu bedeuten. Ich treffe also Amasa, die Stallmagd, sie zeigt nach dem Stern, dann nach dem Schuppen; ich seh' einen Lichtschein schräg in der Tür – da höre ich Stimmen rückwärts, stelle mich unter das Vordach, nein, nicht ängstlich, wer wird einer alten Frau schon was antun.

Ist auch keiner, der mich bemerkt, ein Trupp dunkler Männer in Winterpelzen, die Kappen tief im Gesicht. Na, denk' ich, was haben die hier im Stall zu suchen, vielleicht ein Schaf, ein verirrtes, und drücke mich hinter ihnen hinein.

Oh, es war nicht bloß Neugier, man hat die Sprüche ja noch im Ohr, von der Wurzel aus Jesse, der Tochter Zion, die jauchzen wird, wenn der König kommt, ein Gerechter und Helfer. Irgendein Glanz, so denk' ich, müsste zu merken sein, denn was hofft man nicht alles, wenn man den Weltenlauf kennt, den Krieg, den Aussatz, die Armut, den Geiz, die Missgunst im Herzen der Menschen.

Hinter dem Pfosten versteckt, man reibt die Augen, was sieht man? Ein paar Verrückte, was sonst. Vielleicht auch Betrunkene. Sie blicken blöde sich um, ziehn die Kappen vom Schädel, stoßen mit Fäusten sich an und zeigen stumm auf das Kind. Dann, ungelogen, knien sie nieder, als hätten sie Jephta, den Großherrn, vor sich. Und einer, mit grauen Stoppeln am Kinn, erzählt von dem Engel, der schrie wie eine Posaune. Friede! hat er geschrien, und: Freude von Gott! und: Gerechtigkeit allen Menschen!

Nehmt bitte daran keinen Anstoß – ich weiß, was ich hörte, ich weiß, was ich sah. Der Graubart schnitzte an seinem Stock, als müsst' er bald weiter.

Maria lächelte, und dem Kind, dem brauchte ich, Gott behüte, nicht mehr zu helfen, es war nun

schon in der Welt, klein und runzlig, so lag's in der
Krippe, wie alle Kinder, die plötzlich da sind und
satt, nachdem sie bei der Mutter getrunken. Der
Esel, der kaute am Erbsstroh, der Ochse glupschte,
das Maul weit offen, ein Faden Speichel zog sich auf
die Tenne herab, im Winkel fiepten die Mäuse.

Offen gestanden, nicht einen Heller hätt' ich
gesetzt für die goldene Zukunft aus Davids Haus,
auch wenn der Engel, was ich bezweifle, wirklich
geschrien hat, auch wenn die Stallmagd, mit der
ich noch Kaffee trank in der Kammer, erzählte von
Magiern in bunt besticktem Gewand, mit Turbanen
weiß, mit Gerät und reichen Geschenken. „Amasa", sagt' ich, „schweig, du wirst kindisch."

Oder, so denk' ich nun auf dem Heimweg, am
Tor der Verheißung vorüber, bei Daniels Kaufhaus,
da dreh' ich mich um und denke: Sollte doch etwas
dran sein?

Der Stern steht, groß und funkelnd, immer noch
über dem Stall. Die Nacht ist bald um, und ich
denke: So dunkel und hell zugleich ist Betlehem,
Davids Stadt, nie gewesen.

Und ich sehe das Kind, das Kind im Stall, das
Kind, bei dessen Geburt ein Engel laut schreien
muss, das Kind, das auf Holz liegt, das Kind, das
die Hirten vom Feld holt und die Magier lockt von
den Rändern der Welt, das Kind vielleicht aus meiner Verwandschaft.

Dergleichen seh' ich nicht gern, man hat so seine Erfahrung. Man müsste ein Auge drauf haben,

denk' ich, schon an der Haustür und leise die Stiege
hinauf, dass der Alte nicht aufwacht. Denke, ausge-
streckt auf dem Lager, schon halb im Schlaf, denke:
Wenn das, wenn das man gut geht.

Rudolf Otto Wiemer

Geboren ist das Kind zur Nacht

Geboren ist das Kind zur Nacht
für dich und mich und alle,
drum haben wir uns aufgemacht
nach Betlehem zum Stalle.

Sei ohne Furcht, der Stern geht mit,
der Königsstern der Güte,
dem darfst du trauen, Schritt für Schritt,
dass er dich wohl behüte.

Und frage nicht und rate nicht,
was du dem Kind sollst schenken.
Mach nur dein Herz ein wenig licht,
ein wenig gut dein Denken,

mach deinen Stolz ein wenig klein,
und fröhlich mach dein Hoffen –
so trittst du mit den Hirten ein,
und sieh: die Tür steht offen.

Ursula Wölfel

Weihnachtsbriefe

Theodor Storm an Gottfried Keller

22. Dezember 1882

Da bin ich, lieber Freund, um Ihnen, so gut es durch so viel Ferne geschehen kann, zu dem mir ewig jungen Kindheitsfeste die Hand zu schütteln.

Unten spielt meine Jüngste allerlei süße Melodien, und im ganzen Hause weihnachtet es sehr. Zwei Tage lang nichts als Kisten gepackt und Pakete gemacht und Weihnachtsbriefe an Alt und Jung in alle Welt gesendet; ich habe diesmal nur meine zwei Jüngsten, die Gertrud und Dodo, zu Haus, und morgen kommt aus Varel noch mein Musikus, das heißt Musiklehrer.

Aber die breitästige, zwölf Fuß hohe Tanne steht schon im großen Zimmer, an den letzten Abenden ist fleißige Hausarbeit gehalten; der goldene Märchenzweig, dito die Traubenbüschel des Erlensamens und große Fichtenzapfen, an denen diesmal lebensgroße Kreuzschnäbel von Papiermaché sich anklammern werden, während zwei desgleichen Rotkehlchen neben ihrem Nest mit Eiern im Tannengrün sitzen, feine weiße Netze, deren Inhalt sorgsam in Gold- und andere nach Lichtfarben gewählte Papiere gewickelt ist, alles liegt parat, und morgen helfe ich den Baum schmücken.

Paula Becker-Modersohn an Rainer Maria Rilke

Lieber Freund!
Mir ist die ganze Zeit so nach Weihnachten zumute, und mir ist so, als müsste ich zu Ihnen kommen und Ihnen das sagen. Es ist solch ein wunderbares Fest, eins, das lebt und wärmt. Es ist ein Fest für Mütter und Kinder und auch für Väter. Es ist ein Fest für alle Menschen. Es kommt über einen und duftet nach Tannen und Wachskerzen und Lebkuchenmännern und nach vielem, was es gab, und nach vielem, was es geben wird.

Ich habe das Gefühl, dass man mit Weihnachten wachsen muss. Mir ist, als ob dann Barrikaden fallen, die man mühsam und kleinlich gegen so vieles und viele aufgebaut hat, als ob man weiter würde und das Gefäß allumfassender, auf dass darin jedes Jahr eine neue weiße Rose aufblühe und den anderen zuwinkt und in sie hineinleuchtet und ihnen die Wange streicht mit ihrem Geschimmer und die Welt erfüllt mit Schönheit und Duft.

Paula Becker-Modersohn an ihren Bräutigam

Den 25. Dezember

Alle hier sind beflügelt von einer Festfreude, und der innere Sonnenschein, den ein jeder in sich trägt, der macht goldene Brücken. Ich wärme mich an diesem Stück Christentum und nehme es entgegen wie ein Märchen. Und dann, weißt Du, ist es solch ein Fest für Frauen, denn diese Mutterbotschaft lebt ja immer noch weiter in jeder Frau, das ist alles so heilig. Das ist ein Mysterium, das für mich tief und undurchdringlich und zart und allumfassend ist. Ich beuge mich ihm, wo ich ihm begegne. Ich knie davor in Demut. Das und der Tod, das ist meine Religion, weil ich sie nicht fassen kann. Das muss Dich nicht betrüben, Du musst es lieben, Lieber. Denn das sind ja doch die größten Dinge dieser Erde.

Nebenan singt M. Liebeslieder. Und meine Seele wiegt sich sanft in diesen Tönen. Das Leben ist leise und lind für mich und lächelt mich an aus traumverschleierten Augen. Und ich küsse sie und habe sie lieb.

Eine Geschichte – einfach und streng

Ja, ich kann meine Erfahrungen mit dieser herrlichen und zugleich unsäglichen Geschichte schon mitzuteilen versuchen.

Zuerst: Ich habe sie als Kind auswendig lernen müssen. Unter dem brennenden Weihnachtsbaum war sie aufzusagen mit allen schwierigen Worten: „Quirinius", „schwanger". Der Gabentisch war noch mit einem Tuche zugedeckt. Ich blieb oft stecken, weil ich versuchte herauszubekommen, was unter der Decke lag. Ich musste die ganze Geschichte aufsagen bis zur Rückkehr der Hirten zu ihren Herden. Ich war ein Einzelkind. Meine Kinder hatten es besser. Es waren drei, so hatte jedes nur ein Drittel der Mühe.

Aber es war schon gut, den Text gleichsam mit der Muttermilch aufzunehmen. Er hielt nun ein Leben lang. Er gehört für mich zu den sieben oder acht Abschnitten der Bibel, die gewissermaßen abrufbar sind, unverlierbar, unvergesslich, unbeirrbar. Das ist sehr merkwürdig. Diese einfache Geschichte. Dieser zur Legende gestempelte Versuch, das Unbeschreibliche zu beschreiben. Dieser Traum vom Frieden, dem völligen, unteilbaren Frieden.

Ich habe wohl zwei Dutzend Mal über den Text zu predigen versucht. Dabei kann man gar nicht ernsthaft „über ihn" predigen. Meine einfache Bauerngemeinde in Oberschlesien hat das wohl geahnt. Sie ließ am Heiligen Abend ihren Pastor nur die Geschichte vorlesen, langsam und auch in drei Abschnitten, kein Wort darüber hinaus; natürlich auch, weil die Kirche kalt und dunkel war und das Vieh auf die Fütterung wartete.

Man kann die Geschichte nur nacherzählen – oder man kann über die eine oder andere Gestalt, über diese oder jene Szene nachdenken und sie in die Welt stellen, in der wir leben! Wer noch von Augustus und Quirinius redet? Was sie wohl in dieser Nacht geträumt haben mögen? Von den Eltern kann man reden, von den Hirten, von den

Tieren. Von den Engeln schon gar nicht mehr. Nur von dem, was sie sangen.

Ja, und von dem Kinde. Von dem Kinde immerzu. Dass Gott ein Kind wurde und ein Kind Gottes Sohn. Und was dies wohl mit unsern Kindern und Enkeln zu tun haben könnte, die wir nun mit immer schrecklicheren Waffen dem Untergang weihen. Und was und wer aus dem Kind wurde, welcher Mensch, welcher einmalige Mensch, und wie er starb. Und wer ihn umbrachte – und warum.

Man hat also ein Leben lang zu tun, um über die Geschichte nachzudenken. Sie wechselt ihre Farben und ihr Gesicht und bleibt doch immer die Gleiche. Das letzte Mal mit seiner Mutter sie zu hören, das erste Mal mit seiner Frau, das erste Mal mit einem eigenen lebenden Kind, das erste Mal im Krieg. Und dann 1945, als alles vorüber war und ich mit Hunderten von Flüchtlingen in einer fremden Kirche, in einer fremden Stadt die Geschichte hörte, dieselbe Geschichte wie zu Hause, das es nun nicht mehr gab. Sentimentalitäten? Nun, warum nicht?

Dabei ist es ja eine unglaubliche, eine strenge Geschichte. Nicht der Kaiser, sondern dies Kind. Kein königlicher Palast, sondern der Stall. Nicht die Würdenträger des Landes, sondern die Hirten. Nicht die Macht der Menschen, sondern Gottes Macht. Nicht Gewalt, sondern Friede. Nichts Riesiges, sondern ein Winzling – mein Herr und mein Gott.

Die Welt wird auf den Kopf gestellt. Alle Maße werden verändert, radikal verändert. Du brauchst nur zu rühren an diese Geschichte, und du berührst den starken Strom der Freiheit der Kinder Gottes. Nichts von Idylle.

Genau genommen Revolution.

Und das mit diesen Bildern: Maria mit dem Kinde, die erschrockenen Männer auf dem Felde, das Blöken der Schafe – und ein ferner Kaiser, der schläft und nicht weiß, dass dieses Kind sein Kaiserreich zerbrechen wird.

Und Licht, viel Licht, unbeschreibliches Licht.

Das sind meine Erfahrungen mit dieser Geschichte. Ich möchte sie mir vorlesen lassen, wenn ich sterbe, sie und den Bericht von Jesu Tod.

Heinrich Albertz

Heilige Nacht

Und niemand dachte sich etwas dabei.
Die Frau bekam ihr erstes Kind.
Sie stöhnte, schrie und zerbiss den Schrei,
wie Frauen dann so sind.

Der Ort war mit Fremden überfüllt,
Zur Rechten hämmerte wer an ein Tor,
zur Linken wurde wer angebrüllt,
Auch das kommt manchmal vor.

Es brauchte nicht grade im Stall zu sein
und zwischen dem wiederkäuenden Vieh.
Doch hausten sie wenigstens allein,
der Mann, das Kind und sie.

Ein Ächzen ging durch die Finsternis.
Das Kind lag hilflos auf seinem Stroh.
Der Tod war seines Sieges gewiss.
Aber das blieb nicht so.

Manfred Hausmann

Weihnachten mit Martin Luther

„Mein Herr Jesus Christ ist einmal auf Erden kommen und hat sich sehen lassen", weiß Luther. Und er sagt: „Wir fassen keinen anderen Gott als den, der in jenem Menschen ist, der vom Himmel kam. Ich fange bei der Krippe an."

„Gott mit seinen Spekulationen ergreifen zu wollen, da wird nichts draus", sagt Luther. „Man soll hienieden bei der Krippe bleiben, in der Christus liegt, in welchem die Fülle der Gottheit leibhaftig wohnt. Da kann man Gott nicht verfehlen, sondern trifft und findet ihn gewiss."

Die Krippe ist für Luther ein tiefes Symbol seines Weihnachtsglaubens: „Willst du warm werden und erleuchtet, so dass dein Herz brennt, willst du andächtig und fröhlich sein, so gehe hin zur Krippe, wo du stille seist und das Bild dir tief ins

Herz fassest. Dann wirst du finden Wunder über Wunder."

Am Weihnachtsabend 1538, so wird berichtet, war Luther sehr fröhlich. Seine Rede, sein Gesang und seine Gedanken galten alle der Menschwerdung Christi.

„Ach, wir armen Menschen", sprach er, „dass wir so kalt zu dieser großen Freude uns stellen, die uns geschehen ist, zu dieser großen Wohltat, die weit, weit über allen anderen Werken der Schöpfung ist. Und doch glauben wir so schwach, was uns von Engeln gesungen und gepredigt wird, die doch die himmlischen Theologen sind und sich unsretwegen so gefreut haben. Ihr Gesang ist der allerherrlichste. In ihm liegt der ganze Christenglaube. Denn das Gloria in excelsis ist der höchste Gottesdienst. Den wünschen und bringen sie uns in diesem Christus."

Wieder und wieder hat Luther das Weihnachtsgeschehen besungen. Die Kraft und die Tiefe seiner Weihnachtslieder hat die Christen immer wieder begeistert. Am bekanntesten ist sein 1535 entstandenes Kinderlied auf die Weihnacht „Vom Himmel hoch, da komm ich her", in dem die Kinder der verkündigten „guten Mär" des Engels antworten: „Des lasst uns alle fröhlich sein und mit den Hirten gehn hinein, zu sehn, was Gott uns hat beschert, mit seinem lieben Sohn verehrt." Man denkt, dass Luther durch seine eigene Kinderschar zu diesem liedhaften Weihnachtsspiel angeregt wurde.

Die Geburt aus der Jungfrau hat Luther viel bedeutet. Hier kann er von der Überlieferung der Alten Kirche nicht lassen. Sein 1523 entstandenes Adventslied beginnt mit der Strophe:

„Nun komm, der Heiden Heiland,
der Jungfrauen Kind erkannt,
dass sich wunder alle Welt,
Gott solch Geburt ihm bestellt."

Eine ihrer schönsten Ausprägungen fand Luthers weihnachtliche Liedfreude in „Christum wir sollen loben schon" in der vierten Strophe:

„Er lag im Heu mit Armut groß,
die Krippe hart ihn nicht verdross.
Es ward ein wenig Milch sein Speis,
der nie ein Vöglein hungern ließ."

Von Luther sind auch Weihnachtspredigten überliefert. In einer vertieft er sich mit reicher Fantasie in das Schicksal der jungen Mutter Maria. Unter anderem heißt es dort: „Sie musste in den Stall und allda den Schöpfer aller Kreaturen gebären, dem hier niemand Raum geben wollte. Niemand hat sich solch eines jungen Weibes, das zum ersten Mal gebären sollte, erbarmt, niemand ihren schwangeren Leib sich zu Herzen genommen, niemand angesehen, dass sie in fremden Orten nicht das allermindeste hatte, das einer Kindbetterin not ist. Sondern allda ohn alle Bereitung, ohne Licht, ohne Feuer, mitten in der Nacht, ist sie im Finstern allein. Niemand tut ihr den herkömmlichen Dienst. Ich acht auch, sie hab selbst nicht so bald erwartet, dass sie gebären muss. Sie wäre sonst vielleicht zu Nazareth geblieben.

Denkt, ihr Frauen, da war keiner, das Kind zu baden. Kein warmes Wasser, nicht einmal kaltes. Kein Feuer, kein Licht. Die Mutter war selbst Hebamme und Magd. Die kalte Krippe war Bett und Bad. Wer zeigte der armen Frau, was zu tun sei. Sie hatte ja noch kein Kind vorher gehabt."

Aber doch: „Was kann lieblicher sein als das Kind, was reizender als die Mutter! Was feiner als ihre Jugend. Sieh auf das Kind, wie ahnungslos!

Ich kenne keinen größeren Trost, der den Menschen gegeben wäre, als dass Christus ein Mensch, ein Kind, ein Säugling wurde, der im Schoß der lieblichsten Mutter spielt und an ihrer Brust liegt. Wen gibt es, den dieser Anblick nicht ergriffe und tröstete. Nun ist die Macht der Sünde, der Hölle, der Schuld überwunden, wenn du zu diesem Kinde gehst und glaubst, dass es gekommen ist, nicht zu richten sondern zu retten."

Luthers kürzestes und prägnantestes Weihnachtswort aber lautet: „Diesen Artikel wird nie jemand auslernen können, dass Gott Mensch geworden ist."

Dietrich Steinwede

Wie Franziskus Weihnachten feierte

Am Tage vor Weihnachten hatte es tüchtig geschneit. Die kleine Klause von Greccio – einige Hütten aus geflochtenem Rohr – lag auf einer hohen Bergkuppe in einem dunklen Eichenwald. Man hatte dort eine schöne Aussicht. So weit man sehen konnte, und das war sehr weit, nichts als Felsen, Schulter an Schulter. Unten im Tal, wo Greccio lag, lief ein schwarzer Fluss wie ein Riss im Schnee, und jenseits des Tales ragte eine neue Welt von spitzen Felsen in den Himmel. Und über alles breitete sich eine dicke, reine Schneedecke.

Die Sonne ging wie ausgegossenes Blut unter. Nachher kam die Dunkelheit mit großen Sternen, hoch über den Bergen. Die Stille und die Kälte machten sie noch größer. In der Nacht kam hie und da ein Licht zum Vorschein; es wurden allmählich mehr, und alle stiegen den Berg hinan. Es waren die Leute aus dem Tal, die mit einer Fackel oder Laterne zur Klause kamen, um Weihnachten zu feiern.

Franziskus hatte ihnen eine schöne Überraschung bereitet. Im Eichenwald war eine Höhle, und in dieser Höhle stand eine kleine Krippe. Auf der einen Seite befand sich ein lebendiger weißer Ochse mit rosigem Maul und gelben Hörnern, auf der anderen Seite ein kleiner Esel, der auf den Knien hockte.

„Der Stall von Betlehem", sagten die Kinder voll Bewunderung. Gerade über der Krippe war ein kleiner Altar für die Messe aufgebaut. Die Brüder aus den Höhlen und Klausen der Umgebung waren auch da. Die Kinder durften vorn stehen und suchten mit großen Augen nach dem Jesuskind. Die Mütter waren gerührt. Die Bauern, in deren harten Gesichtern die Augen glänzten wie Perlen, falteten die großen, dunklen Hände. Alle blickten fromm auf die Krippe, in der nur ein wenig Stroh lag.

Es herrschte eine mächtige Kälte, die in die Ohren stach und die Nasen der Kinder rot und nass machte. Das Licht der Fackeln, die in den Rissen an den Felswänden steckten, zuckte über die Gesichter und ließ die Augen glänzen. Es herrschte die Stille einer schönen Erwartung. Eine Klingel ertönte, und hinter dem Altar erschien ein Bruder im Messgewand, begleitet von Franziskus als Chorknaben. Die Messe begann; alle knieten nieder.

Franziskus folgte der heiligen Handlung mit großer Andacht, blickte aber von Zeit zu Zeit nach der Krippe und lächelte selig. Beim Evangelium ergriff er das heilige Buch und sang das Weihnachtsevangelium: Gott, der arm in einem Stall geboren wird. Die allerschönste Geschichte, die es gibt. Die Tränen sprangen ihm in die Augen. Dann küsste er das Buch mit ganzer Seele. Sein Herz stand in Flammen.

Mit offenen Händen betrachtete er seufzend die leere Krippe. Er fühlte, wie damals zu Betlehem, die heilige Stunde über sich kommen. Wieder hatte er die Vision. Er wurde von der Gewalt der Liebe fast erdrückt, überströmt, durchglüht von seligem Glück. Denn das Jesuskind war da, er konnte es in der Krippe liegen sehen, ein Wesen von Licht. Es streckte ihm seine Arme entgegen, und er bückte sich, strich mit seinen dünnen Fingern über die rosigen Wangen und die goldenen Locken. Er hob es vorsichtig auf, dieses Kind von Licht, brachte es seinem Gesicht nahe, dicht vor seine Augen, [...] und das Kind streichelte seinen harten Bart und seine hohlen, blassen Wangen.

Ein frommer Mann sah durch eine wunderbare Gnade das wirkliche Jesuskind in den Händen des Franziskus. Die anderen sahen es auch, aber nicht mit den Augen, sondern mit dem Geist. Franziskus legte es vorsichtig wieder hin, betrachtete es halb kniend und freundlich lächelnd eine Weile und fing an, mit ihm zu sprechen. Zwischendurch blickte er hinüber zu den Leuten und in die verwunderten Augen der Kinder. Er sprach über die Schönheit und die unendliche Güte des Kindes. Gott, der ein Kind armer Leute wird! Und mit seiner starken Stimme, seiner sanften Stimme, seiner hellen Stimme, seiner schönen Stimme redete er langsam und gedehnt, als würde er von einer Harfe begleitet.

Felix Timmermans (gekürzt)

Ich brauche Weihnachten

Wenn ich an Weihnachten denke, überkommt mich als Erstes die unwiederbringliche Atmosphäre meines Elternhauses zur Kinderzeit. Ich höre wieder die Türen gehen, eine jegliche mit dem ihr eigenen charakteristischen Laut; die unverwechselbaren Schritte des Vaters oder der Mutter, die sich nähern und wieder entfernen; die mannigfaltigen Lebensäußerungen der Geschwister und Hausgenossen auf Treppen und Fluren. Das viertelstündliche Schlagen der Turmuhr auf dem Dach des gegenüberliegenden Stallgebäudes, oberhalb der Toreinfahrt. Das Wiehern und Schnauben der Pferde in ihren Boxen und Ständen sowie Klirren und Rasseln der Kette, mit der einige von ihnen angebunden sind. Ich rieche den Eigengeruch jedes Zimmers und jedes Schrankes, das trockene Holz hinter dem Ofen, den Duft der Bratäpfel in der Ofenröhre. Und vor meinem inneren Auge spielt sich ein Stück gemeinsamen Lebens in der Geborgenheit ab, eines Lebens, wie wir es damals geführt haben, in Freude und gewiss auch in Nöten und Kümmernissen.

Dass mir dies alles in Verbindung mit Weihnachten einfällt, liegt daran, dass Weihnachten für mich und die Meinen der Höhepunkt des Jahres war. Wochen vorher schon konzentrierte sich alles, was ein Kind zu bewegen vermag an Träumen und Erwartungen, an Hoffnungen und Wünschen auf

jenen Augenblick, wo die Tür zum Weihnachts-
zimmer sich öffnete und der Lichterglanz um die
Krippe und den Stall von Betlehem die Welt in ein
Meer von Freude tauchte. Da musste alles zurück-
bleiben, was traurig und schwer, dunkel und unverständlich war. Vor der Macht, die hier auf den
Plan trat, verloren alle Schrecknisse und Ängste
ihre Gültigkeit. Wie ein aus langer Haft Befreiter
schritt man behutsam und leicht einer neuen Zukunft entgegen.

So war es von Anfang. Aber dann kamen die
Jahre des Heranwachsens, in denen Weihnachten
schrittweise immer mehr von seiner umfassenden,
bergenden Kraft einbüßte. Zwar konnte ich mich
noch darauf freuen. Aber meine Freude galt mehr
dem Drum und Dran des Festes als der Mitte des
Geschehens. Erst später, viele Jahre danach, zu
einer Zeit, als die Welt in Flammen stand; als die
Menschen, an denen man hing, vom Erdboden
verschwanden; als die Werte und Vorstellungen,
mit denen man aufgewachsen war, sich in Nichts
auflösten, da begann ich zu begreifen, was Weihnachten in Wirklichkeit ist.

Weihnachten – das Fest der Menschwerdung
Gottes. Ein sonderbares, ungewöhnliches Gesche-
hen. Gott verlässt seinen Himmel und setzt seinen
Fuß auf die Erde, mitten zwischen die Menschen.
Er erscheint vor uns in Gestalt eines neugeborenen
Kindes, schutzlos, wehrlos, dem Zugriff feindlicher
Mächte preisgegeben. Wie soll ich das verstehen? Ist

Gott denn nicht der große, der allmächtige, der über alles erhabene Beherrscher der Welt? Was treibt ihn dazu, sich aus der absoluten Freiheit, in der er lebt, in die absolute Abhängigkeit zu begeben, eine Abhängigkeit, aus der ich ja gerade herausstrebe? Was will er damit erreichen, welches ist sein Ziel? Das sind Fragen, wie sie mich als erwachsenen Menschen zu Weihnachten umtreiben.

Werden sie mir beantwortet?

Gewiss könnte ich mir die Antworten geben lassen von Menschen, die länger und intensiver als ich über das Wesen Gottes nachgedacht haben. Ich könnte sie auch nachlesen in vielen Schriftwerken, die der menschliche Geist in Jahrtausenden zu diesem Thema hervorgebracht hat. Aber hätte ich damit für die von mir ersehnte Freiheit schon etwas gewonnen?

Ich glaube kaum. Denn es ist doch wohl nicht der Sinn solcher Fragen, dass ich sie mit Worten erledige. Sie wollen vielmehr, wie jede echte Frage, mit dem Leben beantwortet werden – mit meinem Leben. In Wirklichkeit bin ich also hier nicht der Fragende, sondern der Gefragte. Ich bin es, der aufgefordert wird, Antwort zu geben auf die Fragen, die Gott ihm stellt. Nicht mit dem Mund, sondern mit meiner ganzen Existenz.

Weihnachten fragt mich, ob ich bereit bin, in diesem schwachen, unmündigen, ungeschützten Kind Gott anzunehmen als den Herrn über mein Leben.

Er ist ein Kindlein worden klein,
der alle Welt erhält allein.
In unser armes Fleisch und Blut
verkleidet sich das ewige Gut.

So und ähnlich haben wir schon als Kinder in der Weihnachtszeit gesungen. Und wenn wir auch die Bedeutung dieser Aussage nicht zu ermessen vermochten, so war doch die Bereitschaft sehr groß, das Kind in der Krippe mit offenen Armen aufzunehmen.

Heute, fünfzig und mehr Jahre danach, stellt sich mir die gleiche Frage, wenn auch unter gänzlich veränderten Voraussetzungen. Ich bin kein Kind mehr. Und auch jene Zeit ist längst vorüber, in der ich nur das nackte Leben besaß und ein paar Lumpen, es zu bedecken. Als ich vogelfrei war, der Willkür von Menschen anheimgegeben. Eine Zeit, in der der Stall von Betlehem mein Haus, das Kind in der Krippe mein Bruder hätte sein können.

Heute, wo ich mehr habe, als man zum Leben braucht, wo ich lebe, als hätte es nie Mangel gegeben, wo ich mir Dinge leisten kann, an die ich früher nicht im Traum gedacht hätte; wo ich die Freiheit habe, zu sagen und zu tun, was mir in den Sinn kommt – heute brauche ich Weihnachten, um mich daran erinnern zu lassen, wer ich in Wirklichkeit bin: ein Mensch, der in jeder Hinsicht ungesichert ist, der nichts aus sich selber hat, sondern allein von der Gnade lebt. Ein Mensch, der Gott nötig hat.

Ohne dieses Wissen wäre ich nicht in der Lage, mit alledem fertig zu werden, was heute zu meinem Leben gehört. Mir würde das Maß fehlen, nach dem mein Dasein gemessen zu werden verlangt, wenn es seinen Sinn behalten soll. Die vielfachen Reize und Verlockungen, die aus der Wohlstandswelt auf mich eindringen, würden mir das Unterscheidungsvermögen nehmen und mich zu einem blinden Funktionär meiner Zeit machen, einem Menschen, der ich nicht sein will.

Weihnachten ist für mich die Stunde, die mir verspricht, dass ich wieder die Oberhand gewinnen soll über das, was im letzten Jahr hinzugekommen ist, um meine Vorstellungen vom Leben zu verwirren. Die mir Abstand gewährt von den Ängsten und Sorgen, die sich gegen meinen Willen wieder eingeschlichen haben, um mein Dasein zu vergiften und mir die Handlungsfreiheit zu nehmen. Ängste und Sorgen, die meine Person betreffen, meine Gesundheit, meine Familie, mein Eigentum – lauter Gaben Gottes, um die sich zu sorgen Kleinglauben bedeutet.

Weihnachten ist für mich das Tor, vor dem ich alles ablegen kann, was mich in ungebührlicher Weise belastet, um dann hindurchzugehen als einer, der wieder offen ist für das, was seinem Leben den Sinn gibt: für das Wort Gottes, das ihm die Richtung weist, die er einschlagen soll, für seine Mitmenschen in ihren Freuden und Leiden, ihren Hoffnungen und Enttäuschungen. Für die Probleme der Welt, an deren Entschärfung er zu seinem Teil mitzuwirken berufen ist.

Weihnachten ist der Augenblick, in dem mir Gott am nächsten kommt. Meine Sache ist es, diesen Augenblick zu nutzen.

Hans Graf von Lehndorff

Zum 24. Dezember

Noch einmal ein Weihnachtsfest.
Immer kleiner wird der Rest.
Aber nehm' ich so die Summe,
alles Grade, alles Krumme,
alles Falsche, alles Rechte,
alles Gute, alles Schlechte,
rechnet sich aus all dem Braus
doch ein richtig Leben raus.
Und dies können ist das Beste
wohl bei diesem Weihnachtsfeste.

Theodor Fontane

Von Hirten und Königen

Gespräch der Hirten

Als die drei Hirten ihre Gesichter wieder zu erheben wagten, nahmen sie, hoch oben in den Wolken stiebenden Schnees, noch einen wunderbaren Glanz wahr, der kleiner und kleiner wurde und schließlich nur noch wie der ungewisse Schimmer eines verhüllten Sterns aussah. Es war ihnen auch, als hörten sie noch einen fernen Hall des Lobgesangs, den die Engel gesagt hatten. Aber nun erlosch der Schimmer ganz, und auch der Hall verstummte. Die Nacht herrschte wieder um sie her, die lichtlose, schweigende Winternacht. Sie konnten die Schneeflocken nicht erkennen, sie fühlten nur, dass sich unablässig etwas Weiches, Kühles auf ihre Wimpern und Wangen senkte. Der Junge, der fast noch ein Knabe war, stand zuerst auf.

„Kommt!", rief er mit seiner hellen, erregten Stimme. „Kommt, wir wollen gleich hingehen!"

Er schob die Kapuze seines wollenen Umhanges, die beim Niederstürzen nach hinten gerutscht war, wieder über seinen Kopf und fasste den Alten, der neben ihm im Schnee kniete, unter die Achseln. Als es ihm gelang, ihn aufzuheben, lief er zu dem Dritten mit dem zottigen Fellmantel, der sich gerade schwerfällig auf die Beine stellte, und versuchte, ihn mit sich zu ziehen.

„Nur langsam", sagte der mit dem Mantel. „Jetzt müssen wir uns erst einmal bedenken." Er wandte sich zu dem Alten: „Steh auf! Es ist vorbei. Was war das denn? Hast du es auch gesehen?"

Der Alte hielt das Gesicht noch immer den Wolken zugewandt, in denen die leuchtenden Heerscharen verschwunden waren.

„Friede auf Erden!", stammelte er. „Habt ihr das auch gehört? Denn euch ist heute der Heiland geboren. Habt ihr das auch gehört?"

„Ja", sagte der mit dem Mantel, „so ähnlich habe ich es auch gehört."

„Ich auch", rief der Knabe, „genau so."

„Sei still!", sagte der mit dem Mantel. „Es war also nicht geträumt? Merkwürdig."

„Wir können ja hingehen und nachschauen, ob wirklich ein Kind in der Krippe liegt. Kommt doch! Steh doch auf!" Der Knabe bemühte sich wieder um den Alten, der die Hand auf den Boden stützte und sich mit der anderen am Arm des Knaben hochzog. Nachdem er mit ein paar humpelnden Schritten die Steifheit aus seinen Knien vertrieben hatte, reckte er sich und schüttelte durch Aufstampfen den Schnee von seinen Beinen

„Ja", sagte er, „wir wollen hingehen."

Sie machten sich auf den Weg.

„Friede auf Erden!", sagte der mit dem Mantel nach einer Weile. „Ich glaube es nicht. Sie können es ja nicht lassen. Soweit ich mich auch zurückbesinne, immer ist Krieg gewesen unter den Königreichen.

Und immer haben Räuber an den Straßen gelauert. Und immer sind Diebe des Nachts umhergegangen. Und immer haben die Schlauen den Einfältigen das Fell über die Ohren gezogen. Und immer haben die Mächtigen auf den Schwachen herumgetreten. Und immer hat der Bruder den Bruder verraten. Und immer hat der Wolf das Lamm gerissen und der Löwe die Hunde. Und immer hat ein Baum dem anderen das Licht genommen und die Kraft des Bodens. Und immer ist die Missgunst umgegangen und der Ehebruch und die Verleumdung und die Gier. Wie soll da Friede auf Erden sein?"

Sie gingen nebeneinander her.

„Es wäre freilich schön", fügte er hinzu, „wenn weit und breit der Friede waltete und die Freundlichkeit. Nicht auszudenken, wie schön es wäre. Aber ich glaube nicht daran. Es ist unmöglich. Ich kenne die Welt."

Das Gewölk hatte sich im Westen vom Horizont abgelöst. Dort zeigten sich einige Sterne. Es schneite auch nicht mehr. In dem dämmerigen Sternenlicht konnte man erkennen, dass dem Alten, der einen eingebeulten Filzhut trug, ein weißer Bart ums Kinn wuchs und dem mit dem Mantel ein schwarzer. Über die Stirn des Knaben, der den vorderen Rand seiner Kapuze hochgeschlagen hatte, hing eine helle Haarsträhne.

Der Alte blieb stehen, atmete tief aus und ging wieder weiter. „So haben sie es auch nicht verkündet", sagte er langsam, „dass ohne Weiteres Friede sein würde. So nicht. Am Anfang ihres Lobgesangs haben sie etwas anderes verkündet. Ehre sei Gott in der Höhe, haben sie am Anfang verkündet. Und dann erst haben sie das vom Frieden gesungen."

„Ja", sagte der Knabe, „so war es. Ich weiß es ganz sicher."

„Du musst nicht so viel dazwischenreden", brummte der mit dem Mantel, „wenn ältere Leute sich unterhalten."

Der Knabe schnaufte unwillig und schaufelte im Weitergehen bei jedem Schritt mit seinem Fellschuh den Schnee zur Seite.

„Und das habe ich so verstanden", fuhr der Alte fort, „dass erst dann der Friede in die wilden und ruhelosen Herzen der Menschen kommt, wenn sie eingedenk sind, dass ein gewaltiger Gott über aller Welt ist, dem Lobgesang und Ehre und Anbetung gebührt. Wo Gott geehrt wird, da ist Friede. Und sonst nirgends und nie."

Der Knabe, der etwas zurückgeblieben war, gesellte sich laufend den anderen wieder zu und fasste nach der Hand des Alten.

„Warum liegt das Kind denn in einer Krippe? Hat es denn kein Bett und nichts?"

„Es ist schwer zu verstehen. Ich weiß es auch nicht. Alles ist so schwer zu verstehen."

„Wenn es ein König über allen Königen ist, warum wohnt es dann nicht …?"

„Du sollst still sein, habe ich dir gesagt!" Diesmal war es der mit dem Mantel, der stehen blieb.

Der Alte und der Knabe blieben gleichfalls stehen. Ihre Augen glitzerten im Sternenlicht. [...]

„Wisst ihr was?", rief der Knabe. „Ich kann überhaupt nicht verstehen, was die Engel sich dabei gedacht haben."

Die beiden Männer vor ihm setzten wortlos ihren Weg fort.

„Wir sind doch nichts Besonderes, ihr nicht und ich schon gar nicht, wir sind doch nur Hirten und kleine Leute. Warum haben sie denn gerade uns die Geburt des Heilandes verkündet? Da gibt es doch ganz andere auf der Welt, großmächtige Könige und Kaiser, ach du liebe Zeit! Und dann kommen sie zu uns mit ihrem wunderbaren Gesang und Geleuchte, zu mir sogar? Ich kann mir nicht denken, dass es mit rechten Dingen zugegangen ist."

„Nichts geht heute Nacht mit rechten Dingen zu", sagte der Alte mehr zu sich selbst als zu dem Knaben. „Es ist so schwer zu verstehen, alles. Der Herr des Himmels und der Erde wird ein Kind. Das Licht der Welt liegt in einem dunklen Stall. Die Allmacht verkehrt sich in Hilflosigkeit. Der die Welt erretten will, wird von einer Menschenmutter gewiegt. Und uns, die wir keine Würde haben und keine Hoheit, uns geschieht die Botschaft vor allen anderen. Das mag fassen, wer will, ich kann es nicht." [...]

Er ging entschlossen voraus. Hinter ihm schlurfte der Knabe bald rechts, bald links vom Weg durch den Schnee. Der mit dem Mantel folgte in einigem

Abstand. Er murmelte etwas vor sich hin, schwieg und murmelte von Neuem. Dann schritt er schneller aus.[...]

Es dauerte nicht mehr lange, da traten sie aus dem Wald heraus.

Der Himmel war fast bis zur Scheitelhöhe frei von Wolken. Klar und still funkelten die Sternbilder über dem verschneiten Land. Mit leicht gewelltem Gefälle senkte sich der Hügel hinab. Unten im Tal lagen schattenhaft die Häuser des Dorfes, in dem das heilige Kind geboren sein sollte. An zwei Stellen flimmerte ein rötliches Licht. Hinter dem Dorf hob sich das Gelände wieder, ein dunkler Wald begann, der sich schräg über den Gipfel des jenseitigen Hügels zog. Dahinter stieg ein Berg auf, dessen breiter Rücken sich bis zum Horizont dehnte, wo er in dem Kältedunst zwischen Erde und Himmel verging. Auch zur Rechten und zur Linken wogten in der Ferne weiche Berge und Wälder unter den Sternen hin.

Die drei Hirten blieben stehen und schauten auf die ruhende Welt. [...]

Eine Sternschnuppe schoss über den Himmel, verlangsamte ihren Lauf und zersprang lautlos in grüne Funken, die schnell erloschen. Irgendwo im Walde rutschte eine Last Schnee von einem Zweig und schlug dumpf auf den Grund.

Da konnte der Knabe es nicht länger aushalten. Er legte seinen Arm um den Alten und sagte dringend: „Komm!"

„Ja“, sagte der Alte.
Sie gingen den Hügel hinunter auf das Dorf zu.

Manfred Hausmann (gekürzt)

Das Flötenlied

Auf einen Stock gestützt, den Blick zu den Sternen
erhoben, stand der alte Hirte auf dem Felde.
　„Er wird kommen“, sagte er.
　„Wann wird er kommen?“, fragte der Enkel.
　„Bald!“
　Die anderen Hirten lachten.
　„Bald!“, höhnten sie. „Das sagst du seit Jahren!“
　Der Alte kümmerte sich nicht um ihren Spott.
Nur der Zweifel, der in den Augen des Enkels auf-
flackerte, betrübte ihn. Wer sollte, wenn er starb,
die Weissagungen der Propheten weitertragen?
Wenn er doch bald käme.
　Sein Herz war voller Erwartung.
　„Wird er eine goldene Krone tragen?“, unter-
brach der Enkel seine Gedanken.
　„Ja!“
　„Und ein silbernes Schwert?“
　„Ja!“
　„Und einen purpurnen Mantel?“
　„Ja! Ja!“
　Der Enkel war zufrieden.
　Ach, warum versprach er ihm, was er selbst nicht
glaubte! Wie würde er denn kommen? Auf Wolken

aus dem Himmel? Aus der Ewigkeit? Als Kind?
Arm oder reich? Bestimmt ohne Krone, ohne
Schwert, ohne Purpurmantel – und doch mächtiger
als alle anderen Könige. Wie sollte er es dem Enkel
begreiflich machen?

Der Junge saß auf einem Stein und spielte auf
seiner Flöte.

Der Alte lauschte.

Der Junge spielte von Mal zu Mal schöner, rei-
ner. Er übte am Morgen und am Abend, Tag für
Tag. Wenn es stimmte, was der Großvater sagte, so
musste er bereit sein, wenn der König kam. Keiner
spielte so wie er. Der König würde sein Lied nicht
überhören. Der König würde ihn dafür beschen-
ken. Mit Gold, mit Silber, mit Purpur! Er würde
ihn reich machen, und die anderen würden staunen, ihn beneiden.

Eines Nachts standen die Zeichen am Himmel,
nach denen der Großvater Ausschau gehalten hatte. Die Sterne leuchteten heller als sonst. Über der
Stadt Betlehem stand ein großer Stern.

Und dann erschienen die Engel und sagten:

„Fürchtet euch nicht! Euch ist heute der Heiland
geboren!“

Der Junge lief voraus, dem Licht entgegen. Unter
dem Fell auf seiner Brust spürte er die Flöte. Er lief
so schnell er konnte.

Da stand er als Erster und starrte auf das Kind.
Es lag in Windeln gewickelt, in einer Krippe. Ein
Mann und eine Frau betrachteten es froh. Die an-

deren Hirten, die ihn eingeholt hatten, fielen vor ihm auf die Knie. Der Großvater betete es an.

War das nun der König, den er ihm versprochen hatte?

Nein, das musste ein Irrtum sein. Nie würde er hier sein Lied spielen.

Er drehte sich um, enttäuscht, von Trotz erfüllt. Er trat in die Nacht hinaus. Er sah weder den offenen Himmel noch die Engel, die über dem Stall schwebten.

Aber dann hörte er das Kind weinen.

Er wollte es nicht hören. Er hielt sich die Ohren zu, lief weiter. Doch das Weinen verfolgte ihn, ging ihm zu Herzen, zog ihn zurück zur Krippe.

Da stand er zum zweiten Mal.

Er sah, wie Maria und Josef und auch die Hirten erschrocken das weinende Kind zu trösten versuchten. Vergeblich!

Was hatte es nur?

Da konnte er nicht anders. Er zog die Flöte aus dem Fell und spielte sein Lied.

Das Kind wurde still. Der letzte leise Schluchzer in seiner Kehle verband sich mit einem hellen Ton.

Es schaute ihn an und lächelte.

Da wurde er froh und spürte, wie das Lächeln ihn reicher machte als Gold, Silber und Purpur.

Max Bolliger

Die Hirten

Es roch so warm nach den Schafen,
Da sind sie eingeschlafen.
O Wunder was geschah:
Es ist eine Helle gekommen,
Ein Engel stand da.

Sie haben sein Wort vernommen,
War schwer zu verstehen.
Sie mussten nach Betlehem gehen
Und sehen.

Sie haben vor der Krippen
Aus runden Augen geschaut.
Sie stießen sich stumm die Rippen.
Einer hat sich gekraut,
Einer drückte sich gegen die Wand,
Einer schneuzte sich in die Hand
Und wischte sich über die Lippen.

Aber Iwan Akimitsch, der vorne stand,
Der den heimlichen Branntwein braut,
Iwan Akimitsch vom Wiesenrand,
Iwan Akimitsch hat sich endlich getraut,
Hat dreimal gespuckt,
Dreimal geschluckt,
Dann sagte er laut:

„Wir haben nicht immer gut getan.

Du liebes Kind,
Schau uns nur einmal freundlich an.
Geh, tu's geschwind."

Da war ihnen leicht, sie wussten nicht wie,
Da fielen sie alle in die Knie,
Da lachte das Kind und segnete sie.
Josef lächelte und Marie.

Werner Bergengruen

Als ob die Hirten einen anderen Herrn hätten ...

Brief des Pächters Ibrahim an Ben Charub, Eigentümer eines Grundstückes mit Stallungen vor Betlehem

Mächtiger, gefürchteter und geliebter Ben Charub!

Die drei Drachmen Pachtzins überbringt Dir hiermit wie alljährlich um diese Zeit als Bote mein begabter Neffe Lom. Zum Geld aber habe ich Dir einen Brief beilegen müssen für diesmal, einen Brief, den ich dem Schriftkundigen Echail aufgesagt habe, wobei ich ihn um mögliche Kürze bat, da er sich jedes Wort bezahlen lässt – der Schlaufuchs – und oft ins Blumenreiche gerät.

Großer Ben Charub, auf Deinem Grundstück und in dem Stall, den Deine Güte und Menschlichkeit mir zur Pacht überlassen haben, ist Ungewöhnliches geschehen. Ich möchte gleich bitten, erhabener Eigentümer, die Ursachen dieser Geschehnisse nicht bei mir zu suchen. Ich bin nur Pächter und habe schon Mühe, mich in meiner Familie und meinem Hauswesen durchzusetzen – Du kennst mein Weib Rachel –, und ich besitze nicht einmal einen Abglanz von der Stärke unseres unvergleichlichen Kaisers Augustus, der die Volkszählung anordnete. Mit dieser Volkszählung begann alles, was Dein Grundstück und Deinen Stall in Mitleidenschaft gezogen hat. Es kamen Scharen von Auswärtigen in unseren Ort, wenige Bekannte nur, die meisten wildfremd. Die Menschenmengen brachten Unruhe in unsere Gassen und schreckten auch nicht vor den Schwellen unserer Häuser zurück, wenn sie Speise oder eine Schlafstatt brauchten. Manche beriefen sich auf verwandtschaftliche Bande, an die sich bei uns kaum jemand erinnern konnte.

Zu mir kam zum Beispiel ein gewisser Joseph, der behauptete, vor vierzig Jahren in meinem Haus geboren und ein Vetter von mir zu sein. Das mochte stimmen – oder auch nicht. Im Gesicht konnte ich eine Familienähnlichkeit nicht ausmachen; nun, der Mann sah etwas struppig, aber sonst harmlos aus.

Er hatte ein junges Mädchen bei sich, das ein Kind erwartete. Nach einigem Zögern wollte ich sie einlassen, als Rachel mich von hinten anstieß und mir zuflüsterte, welche Scherereien die beiden uns ins Haus bringen würden: Aufregung, Arbeit und Lauferei.

Und da Rachel in solchen Dingen und allen anderen recht hat, musste ich bedauernd die Schultern heben und die Tür langsam wieder zumachen und dann fest verschließen.

Und dieser Joseph und seine Frau müssen es gewesen sein, die ohne Erlaubnis Deinen Stall aufgesucht und sich für einige Wochen darin eingerichtet haben. Und die Frau hat ihr Kind dort zur Welt gebracht.

Wie gesagt, von mir aus hatten sie für nichts eine Erlaubnis, aber wer fragt denn heutzutage schon nach der Erlaubnis eines Pächters. Wenn's wenigstens noch der Eigentümer gewesen wäre! Mit einem Wort: Es waren Stallbesetzer!

Nun haben diese beiden, dieser Joseph und seine Frau, den Stall eigentlich recht ordentlich gehalten, manches sah nachher sogar besser als vorher aus: Die Tür war instand gesetzt und vier Dachsparren waren säuberlich geflickt; der Mann muss handwerkliches Geschick haben. Aber dafür fehlte einiges an Futtergetreide, und auch ein paar Strohgarben waren zerlegen und zu Häcksel geworden.

Und dieses Paar und das Kind müssen viele Besucher gehabt haben, ganze Volksscharen von Besuchern: Der Vorplatz ist arg zertrampelt, und mehrere Feuerstellen haben das Gras bis zur Wurzel versengt. Das dauert Jahre, bis da was nachwächst.

Von der Handelsstraße bis zum Stall ist ein richtiger Weg entstanden, was für uns unangenehm ist, da jetzt manche Reisenden irregeführt werden und den neuen Pfad entlanggehen in der Hoffnung, auf eine Karawanserei zu stoßen. Aber das Schlimmste sind nicht diese äußeren Veränderungen. Da ist in den Dingen selbst etwas anders geworden: im Holz, in den Gräsern, tief im Boden, in den Tieren – ja, und in den Menschen, Ben Charub, Du Kenner der Menschen in ihren Unarten und Eigenarten.

Als ich im Stall nach dem Rechten sah und die Hirten über die Vorgänge zur Rede stellte, kümmerten sich diese Männer kaum um mich. Sie ließen den früheren angenehmen Gehorsam vermissen. Sie blickten durch mich hindurch und sahen aus, als ob sie nicht mehr Deine Bediensteten, sondern anderweitig Beschäftigte wären. Ich kann es nicht richtig erklären. Vielleicht doch: Die Hirten sahen aus, als ob sie einen anderen Herrn angenommen hätten.

Da müsstest Du, edler Charub, als rechtmäßiger Eigentümer dieser Gegend und ihrer Menschen doch sofort etwas unternehmen!

Das Paar und das Kind sind schon seit einiger Zeit fort. Die Familie soll plötzlich aufgebrochen und bei Nacht über die Grenze gegangen sein.

Seit der Flucht dieses Joseph und seiner Frau und dem Kind fehlt auch mein Esel Guman, den ich in Deinem Stall stehen hatte. Aber ein Hirtenjunge brachte mir eine Nachricht von dieser Familie: Sie habe den Esel dringend gebraucht, und hier sei die Bezahlung, ein Stückchen Gold.

Nun, der Kaufpreis war ja reichlich, und ich habe mir von dem Goldstück ein stärkeres Tragtier als diesen klapprigen Guman angeschafft, sodass wir diese Angelegenheit rasch vergessen können.

Nur das mit den veränderten Menschen, das solltest Du hier auf Deinem Grund und Boden überprüfen lassen. Ich sehe Deiner Ankunft entgegen und bin bis dahin Dein dankbarer und besorgter Pächter Ibrahim.

Josef Reding

Denkt doch, was Demut ist

Denkt doch, was Demut ist,
seht doch, was Einfalt kann:
Die Hirten schauen Gott
am allerersten an.

Der sieht Gott nimmermehr,
noch dort noch hier auf Erden,
der nicht ganz inniglich
begehrt ein Hirt zu werden.

Angelus Silesius

Die Weisen

Da glänzt ein Stern, wie keiner noch
den Kundigen erschienen.
Auch andre glänzen, dieser doch
glänzt wie ein König unter ihnen.

Legt Maß und Zirkel aus der Hand
und seht nach den Kamelen!
Den Weihrauch nicht aus Samarkand,
die Myrrhe lasst, das Gold nicht fehlen!

Es kann nichts geben, was uns schreckt,
nicht Berg, nicht Fluss, nicht Wüstenweiten,
durch die sich unser Weg erstreckt,
wir müssen reiten, reiten, reiten…

Wohnt er im Haus, wohnt er im Zelt,
dem so ein Stern beschieden,
ein König gar und bringt der Welt
den unbegreiflichen, den Frieden?

Wir bleiben nirgends lange stehn.
Er glänzt noch fern im Westen.
Bald können wir im Fluss ihn sehn,
bald in den Therebinthenästen.

Wer weiß, wie lang die Reise wird?
Vielleicht nach hundert Tagen
erkennen wir, dass wir geirrt.
Er glänzt und schweigt. Wir müssen's wagen.
Manfred Hausmann

Auf dem Wege

Von Askalon bis nach Jerusalem sind es nicht mehr als zwei Tagesreisen, wenn man so gut beritten ist wie Muhamed und Ganguly.

Es sollte sich aber zeigen, dass Habakuks Eselin nicht – wie die beiden insgeheim gefürchtet hatten – das Tempo der Reise verlangsamte. Wenn auch Habakuk am Schluss der kleinen Karawane ritt, so trippelte sein Reittier doch leicht und beharrlich dahin, und wenn auch Muhamed gelegentlich seinem Araberhengst ungeduldig die Sporen gab und in einem rasanten Zwischengalopp, Staub aufwirbelnd, voraussprengte – das Schrittmaß bestimmten die schleppfüßigen Kamele und Dromedare. Wenn es Verzögerungen oder Aufenthalte gab, so kamen sie vor allem von diesen, die einmal ein Stück ihrer Last verloren, ein andermal sich untereinander stritten, ein drittes Mal sich ohne ersichtlichen Grund störrisch zeigten. Es sind wohl doch zumeist die Kamele und die Esel, die das durchschnittliche Tempo des Fortkommens bestimmen.

So hoch und dekorativ freilich der Inder auf seinem Reittier thronte und so kühn und herrscherlich sich Muhamed in seinem wehenden Burnus ausnahm – der heimliche Führer, das Herz und das Hirn der Gruppe war Habakuk. Seit er zu den beiden anderen gestoßen, schien die ungewisse Dämmerung zu weichen, das Geheimnis einen Namen zu erhalten. Dem neuen Sternbild würde sich nun ein neues Schicksal zugesellen.

Wer aber sollte der Heilige sein, den der jüdische Prophet mit einer Flamme verglichen hatte, deren heißer Atem alle Dornen und Hecken anzünden und verzehren würde auf einen Tag?

Abends, nachdem sie ihre Tagesreise zurückgelegt und eine günstige Raststelle ausfindig gemacht hatten, saßen sie am Lagerfeuer wieder beisammen, vor einer kleinen Felseinbuchtung, abgeschirmt durch die Zelte Gangulys und Muhameds und ihren kleinen Tross. Die Wüstenfüchse bellten, und die Nacht war bewölkt und kühl.

Sie hatten ein einfaches Nachtmahl eingenommen und beschlossen, am nächsten Morgen früh aufzubrechen, um ihrem Ziel Jerusalem möglichst nahe zu kommen. Denn Jerusalem, so hatte Habakuk ihnen gesagt, sei die Brücke, über die man ans andere Ufer, ins neue Leben, in einen neuen Äon gelangen werde.

Aber was sie am jenseitigen Ufer erwarten würde, das wusste wohl auch er nicht zu sagen, obwohl er der Landeskundige, der Schriftgelehrte, der Heilsbesessene war…

Aber – mit einem Male begann er zu reden, wie im Selbstgespräch und ihnen unverständlich, in der Sprache seiner Väter. Seine Rede war zunächst leise, stockend, tastend, aber dann überstürzte sie sich fast.

Es war, als ob ein Gedanke den anderen, eine Erinnerung die andere überholen wolle. Er schien sich selbst davonzulaufen.

Dann jedoch hielt er inne. Wie ein Erwachsener sah er um sich, ein wenig schuldbewusst, und bat die Reisegefährten um Verzeihung für sein seltsames Gebaren, seine Abwesenheit.

„Ich war nicht mehr bei mir", sagte er entschuldigend. „Ich war weit in den Jahrhunderten, die hinter uns liegen, und war auch in denen, die noch kommen werden. Adler haben mich getragen." Er lächelte. Und nach einer Weile schloss er an: „Wir werden das Heil sehen, meine Freunde. Gott hat meinen Verstand erleuchtet und meine Augen sehend gemacht."

Dann schob er ein paar Reiser in das Feuer, hieß Muhameds Gehilfen trockenen Kamelmist bringen, den er mit den Gebärden eines Krankenpflegers, der einem Verletzten ein Pflaster auflegt, behutsam ins Feuer verteilte, lachte einige Male leise dabei, als ob er sich eines gelungenen Scherzes erinnerte, und dann hockte er sich näher zu den beiden und berichtete von dem, was ihn bewegte und beschäftigte.

Er sprach von einem neuen König, den die großen jüdischen Propheten vorausgesagt hätten und der jetzt kommen müsse und den sie vielleicht schon in wenigen Tagen von Angesicht zu Angesicht sehen würden. Die Propheten hätten ihm wunderbare Namen gegeben: Weiser Rat, Held, Friedefürst;

Ewigvater … und sein Leib werde wie Türkis sein, seine Rede Donner, sein Antlitz wie ein Blitz. Seine Augen aber würden wie feurige Fackeln leuchten und sprühen.

„Wenn sie nur sprühen wie die Deinen", sagte Muhamed in lächelnder Verwunderung, „will ich schon zufrieden sein." Und Ganguly nickte dazu, auch er lächelnd. Sie sahen staunend die lodernde Begeisterung, die ihn ergriffen hatte, und liebten ihn dafür. Aber Habakuk schien der Einrede nicht zu achten. Er war schon wieder bei seinem Friedefürsten, der endlich, endlich das Verlangen aller Welt stillen und den so bitter entbehrten Frieden bringen werde, der erhoffte Messias, der erwartete große Immanuel, der Ersehnte aller Völker und Geschlechter, der kommen werde, auf dass seine Herrschaft groß werde und des Friedens kein Ende auf dem Stuhl Davids und in seinem Königreich, dass er es zurichte und stärke mit Gericht und Gerechtigkeit von nun an bis in Ewigkeit.

Ach, er malte den beiden ein Reich, dass ihnen die Ohren widerhallten und die Augen übergingen. Es werde „ganz" friedlich zugehen in diesem Reich des neuen Königs. Und wie es zugehen würde, dafür stand ihm die Weissagung des Jesaja, welche er ihnen hersagte:

„Beim Lamm wird verweilen der Wolf, der Leopard lagert beim Böcklein. Kalb und Löwe mästen sich gemeinsam, ein kleiner Knabe kann sie hüten. Kuh und Bärin freunden sich an, ihre Jungen lagern beieinander, der Löwe frisst Stroh wie das Rind, der Säugling spielt am Schlupfloch der Otter, nach dem Jungen der Viper greift das Kind mit der Hand. Die Erde wird voll der Erkenntnis des Herrn sein, wie Wasser das Meer bedeckt."

Die Worte flossen von seiner Zunge wie Honig aus übervollen Waben, und unter seinen Gebärden legten sich die wildesten Bestien, schossen Zedern aus dem Wüstensand, enthüllte der bedeckte Himmel seine Sternbilder, unter denen auch das ihre hell erstrahlte, tröstlich und Hoffnung weckend.

„Es geht eine wunderbare Kraft aus von dir und deinen Worten", sagte Ganguly warm, den Blick an die Sterne geheftet, „eine Kraft, wie ich sie noch von keinem Lebendigen erfahren habe. Und wenn ich auch nicht glauben kann, dass meine alten Augen dieses Reich des Friedefürsten auf unserer Erde noch erschauen werden, so hast du es doch mein geistiges Auge erschauen lassen. Wer kann wissen, was möglich ist und was nicht. Ich weiß nur, dass wir ärmer wären als der Wurm im Staube, wenn wir nach dieser Läuterung nicht verlangten und nicht hoffen würden über alle getäuschte Hoffnung hinaus."

„So ist es", sagte Muhamed, und Habakuk, fast heiter schloss an: „Wir haben unseren Stern."

Rudolf Hagelstange

Die drei Könige und ihre Knechte auf dem Heimweg

Die Geschichte von den drei Königen hört dort auf, wo sie ihre Kronen abnehmen, vor dem Kind in der Krippe niederknien und ihm ihre Geschenke hinlegen. Aber wie geht sie denn nachher weiter? Sie mussten ja wieder aufstehen, ihre Kronen aufsetzen und ihre königlichen Rollen weiterspielen. Aber wie ist dies möglich, wenn man dem Kind in der Krippe begegnet ist, das auf alle Kronen und Rollen der Macht verzichtet hat? Wie ging die Geschichte weiter?

Mitten in der Nacht erhielten die drei Könige im Traum die Weisung, nicht mehr nach Jerusalem und zu Herodes zurückzukehren. Sie erwachten darob und standen sogleich auf. Sie weckten ihre Diener, die ahnungslos neben den Kamelen schliefen, und befahlen ihnen die nötigen Zurüstungen für den Aufbruch.

Heimlich und leise traten sie in die Nacht hinaus. Es war ganz dunkel. Kein Stern stand am Himmel, kein Stern begleitete sie. Jener eine, der ihnen den Weg zur Krippe gewiesen hatte, war seit der Begegnung mit dem Kind verblasst und verschwunden. Ihn konnten sie nicht mehr nach dem Weg fragen. Welchen Weg aber sollten sie gehen?

Es kam nur eine Richtung in Frage, die von Jerusalem wegführte und die Flucht ermöglichte. Dahin wandten sie sich und ritten ins Dunkle hinein.

Hinter ihnen her rannten die Knechte über Stock und Stein. Es sah gar nicht besonders königlich aus.

Als sie einige Zeit durch die Nacht geflohen waren, kamen sie plötzlich nicht mehr weiter. Vor ihnen lagen Felsen und Schluchten, in denen man sich leicht und gefährlich verirren konnte. Sie stiegen ab und berieten sich miteinander. Da aber die drei Könige lauter kluge und mächtige Herren waren, hatten sie auch verschiedene Ansichten über die weiteren Schritte. Sie konnten sich nicht einigen.

Während ihrer Beratung kamen allmählich auch die Knechte herbei gekeucht und hörten zu. Auf einmal sagte einer von ihnen: „Ich vermute, wo sich ein Weg durchschlängelt." Aber seine Bemerkung wurde übel aufgenommen.

Einer der Könige sagte: „Seit wann reden Knechte, ohne gefragt zu werden, und wollen uns den Weg zeigen? Wo kämen wir hin, wenn jeder mitreden wollte!"

Der Knecht wagte einen zweiten Versuch und antwortete: „Majestät mögen entschuldigen. Ich erinnerte mich, dass wir vor einigen Stunden gemeinsam vor dem Kind niedergekniet sind. Da meinte ich, wir könnten vielleicht auch gemeinsam in die Dinge der Welt hineinknien."

Der zweite König erwiderte rau: „Wir knien jetzt nicht mehr vor einer Krippe. Wir stehen draußen im kalten Wind. Da gelten andere Gesetze. Da gibt es Könige und Knechte, Herren und Diener, jeder an seinem Ort." Nach dieser Antwort zogen sich die drei Knechte eingeschüchtert zurück. Der dritte König hatte bisher nichts gesagt. Er hatte nur erschrocken vor sich hingeschaut, als ob er etwas gesehen hätte. Und jetzt schaute er noch immer die Knechte an, wie wenn er sie erstmals sehen und erkennen würde. Dann wandte er sich seinen königlichen Gefährten zu und sagte: „Ist es nicht seltsam? Wir lassen uns von unsern Knechten bedienen. Sie decken uns für die Nacht warm zu. Sie besorgen unsere Tiere. Sie tragen unsere Lasten. Sie rennen hinter uns her und halten ihre Köpfe für uns hin. Dennoch haben sie nichts zu sagen. Woran liegt das?"

Und noch bevor die andern Könige darauf etwas erwidern konnten, rief er den einen Knecht zu sich und fragte ihn: „Kennst du diese Gegend?"

Der Knecht antwortete: „Ich wurde vor vielen Jahren als Kriegsgefangener durch diese Gegend geschleppt. Ich schaute mich nach allen Seiten um, wie ich flüchten könnte. Es nützte mir zwar nichts, aber die Gegend ist in meinen Augen und Füßen haften geblieben."

Der dritte König streckte ihm die Hand entgegen und sagte freundlich: „Ich danke dir für die Auskunft." Dann sagte er zu seinen Gefährten: „Wir können weiterziehen. Dieser Mann führt uns zuverlässig." Er stieg auf sein Kamel und befahl dem Knecht: „Geh voran und zeige uns den Weg. Und – ach ja, gib mir dein Gepäck. Auf meinem

Tier ist genügend Platz dafür, seit ich das Gold dem Kind gegeben habe."

Die zwei anderen Könige schüttelten den Kopf und flüsterten ihm zu: „Bedenkst du auch, was du da tust? Du stellst die Welt auf den Kopf!"

Der dritte König aber lächelte nur und sprach: „Welche Welt wird auf den Kopf gestellt, wenn man aufeinander hört und die Lasten anders verteilt?"

Dann zogen sie weiter, voran der Knecht und dann die Könige. Und es war, als ob zwischendrin auf dem dunklen Weg ein heller Glanz mitlaufen würde. So suchten sie gemeinsam den Weg.

Werner Reiser

Weihnachten der Kindheit

Großvaters „Geburt"

Jedes Jahr im Dezember, ich glaube, zum ersten Advent, ließ mir mein Großvater die Nachricht zukommen: „Morgen ist es so weit. Morgen wird die ‚Geburt' aufgestellt."

Dieser Botschaft fieberte ich während meiner Kinderjahre sehnsüchtig entgegen, ebenso wie mein Vater, als er noch ein Kind gewesen war. Das Aufstellen der „Geburt" war für mich ein fast noch wichtigeres Ereignis als der Heilige Abend selber! Auf meinen Skiern sauste ich ins Dorf, über den Kirchplatz, an Urner Maries Hütte vorüber, bis zu Großvaters Haus, wo ich die Skier abschnallte, an die Hauswand lehnte und mir kaum Zeit nahm, den Schnee vom Mantel zu klopfen.

„Geh nur hinein", sagte die Großmutter in der Küche und zeigte auf die Zimmertür. „Der Großvater ist schon an der Arbeit."

Wann immer ich zum Aufstellen der „Geburt" kam, hing das dunkelgrüne, treppenartig geformte Bord, das sich vier Meter an der Wand entlangzog, schon über Großvaters und Großmutters Betten, und neben dem Tisch türmten sich Kisten und Schachteln. Die wurden erst geöffnet, wenn ich da war. Sobald der Großvater den ersten Deckel abgehoben hatte, durfte ich mit dem Auspacken beginnen.

Das war eine feierliche Handlung, die große Behutsamkeit verlangte, und jedes Jahr faszinierte mich aufs Neue, was aus einer Fülle zerknüllten Zeitungspapiers, aus Wolken von Holzwolle und Werg zum Vorschein kam: ganze Herden von Schafen, Lämmern und Widdern, dazu kniendes, schlafendes, wanderndes Hirtenvolk, Wirtsleute, Kriegsknechte mit grimmigen Gesichtern, Engel, Priester und vornehme Bürger. Sogar ein Nachtwächter fehlte nicht, der eine mächtige Hellebarde trug. In einer besonderen Schachtel ruhte der alte Stall samt Ochs und Esel, der Futterkrippe und der Heiligen Familie.

Alle diese Figuren waren handgeschnitzt und handbemalt, und die meisten waren beim Nachbarn Seifert entstanden. Der war ein Meister im Schnitzen von Krippenfiguren gewesen. Da glich kein Hirte dem anderen. Sogar die Schafe unterschieden sich voneinander. Jede einzelne Figur war ein kleines Kunstwerk für sich. Jahr für Jahr hatte der Großvater ein paar Teile dazugekauft und damit die Szenerie vergrößert, und er selbst und seine Söhne hatten die ganze Stadt Betlehem aus eigener Werkstatt beigesteuert. Nicht nur einfache Hütten tauchten aus Kisten und Schachteln auf, sondern auch kunstvolle orientalische Patrizierhäuser, deren Fassaden aus Laubsäge-Filigran mit eingesetzten Spiegelscheiben bestanden. Schließlich gab es noch einen ganzen Karton voll vielfältigster Bäume, Zäune, Tore und Felsen auszupacken.

Die Platte des großen Tisches nahm die Fülle der Figuren kaum auf. Hatten wir alle Einzelteile der „Geburt" in sauber geordneten Gruppen stehen, wurde jede Figur abgestaubt. Das war eine schwierige Arbeit für meine noch ungeschickten Kinderhände, denn es konnte leicht ein ausgestreckter Arm, ein Flügel, ein dünnes Schafbeinchen abbrechen. Während ich in äußerster Konzentration meine Zungenspitze spielen ließ und eine Figur nach der anderen hochhob, mit einer Hühnerfeder säuberte und dann wieder abstellte, wurde der Großvater in meiner Fantasie zu Gottvater persönlich, der nun Leben in die leere judäische Hügellandschaft über seinem Bett brachte: Haus für Haus stellte er auf, reihte ganze Straßenzüge aneinander, ließ Betlehem samt seinen Wirtshäusern entstehen. Mit geschulterter Hellebarde machte der Nachtwächter seine Runde.

Außerhalb der Stadt, schon über Großmutters Bett, legte er Zypressenhaine an, zwischen denen Hirten ihre Herden hüteten. Mitten in die Gemarkung Betlehem stellte er den alten Stall, stattete ihn mit Heu und Stroh, Ochs und Esel aus, schob Maria und Josef hinein und ließ die beiden, die sich bereits zärtlich verbeugten, nicht lange auf ihr liebendes Jesuskind warten, das er mit seinen großen, schon ein wenig steifen Fingern in die Futterkrippe bettete.

Und schon näherten sich der Stätte des Wunders die Hirten mit ihren Geschenken, vom Verkündigungsengel aufgescheucht, der an einem Faden von der Decke herabhing und die Tendenz zeigte, sich je nach Luftzug um sich selbst zu drehen.

Meine Staubwischerei war längst getan. Ich reichte dem Großvater, der auf einem Stuhl stand, Figur um Figur zu. Die Tradition erlaubte keine Variationen. Jede Figur hatte ihren ganz bestimmten Platz in der Gesamtkomposition, ebenso wie in der biblischen Weihnachtsgeschichte jeder Akteur seine Aufgabe zu erfüllen, seiner Bestimmung zu folgen hat. Und der Großvater sorgte mit großer Ruhe dafür, dass alles dorthin kam, wo es hingehörte.

Allerdings soll ich einmal unerhörte Unordnung in diese heilige Ordnung gebracht haben. Ich selbst kann mich nicht mehr daran erinnern, aber meine Mutter weiß heiter davon zu berichten: Offenbar fand ich die Art, wie sich der Verkündigungsengel den Hirten bemerkbar machte, nicht wunderbar, nicht effektvoll genug. Er schwebte ja nur mit ausgebreiteten Armen still über ihnen. Jedenfalls nahm ich den günstigen Augenblick wahr, als der Großvater, nachdem alle Figuren ausgepackt auf dem Tisch standen, die Arbeit für ein paar Minuten unterbrach, um sich auf ein stilles Örtchen zu begeben. Hastig griff ich nach dem Verkündigungsengel, stieg auf einen Stuhl und ließ ihn an dem Faden, der zwischen seinen Flügeln befestigt war, über der Hirtenversammlung kreisen. Ein

herrliches Spiel muss es gewesen sein, genug An-
lass für meine Fantasie, sich zu entfalten. Reckten
die Hirten nicht die Köpfe? Erstarrten sie nicht
vor Staunen? Denn der Engel erschien ihnen nicht
nur, oh nein! Er bot Sensationelleres, er raste knapp
über ihren Häuptern im Kreis herum! Wer von
ihnen sich nicht einmal von diesem himmlischen
Kunststück beeindrucken ließ, dem war nicht zu
helfen.

Aber der Verkündigungsengel hatte sich wohl
etwas übernommen. Als nämlich der Großvater
zurückkam und die Tür öffnete, erschrak ich so
sehr, dass ich den Faden losließ. In hohem Bogen
flog er – der Engel, nicht der Großvater – davon,
die Hirten auf dem Tisch in maßloser Verblüffung
zurücklassend, und prallte gegen Großmutters
Nähmaschine, wobei ein Flügel abbrach.

Wie ich den Großvater in Erinnerung habe, wird
er mir verziehen und dem Engel den Flügel wieder
angeklebt haben. Den Engel, das weiß ich sicher,
hat er dann von seinen Eskapaden zurückkehren
lassen und ihn veranlasst, am Faden still über Bet-
lehems Gefilden hängend, dem Hirtenvolk auf alt-
gewohnte Welse Gottes Botschaft zu verkünden.

Bis auf die Heiligen Drei Könige, die noch bis
zum Dreikönigstag in der Schachtel auf ihren Auf-
tritt warten mussten, war die „Geburt" jetzt aufgestellt. Vorläufig blieb nichts mehr zu tun übrig, als
die leeren Kisten auf den Dachboden zu schaffen.
Erst zu Mariä Lichtmess sollte uns wieder Arbeit

erwarten, die gleiche Arbeit wie am ersten Advent nur in umgekehrter Reihenfolge: die Figuren – in etwas wehmütiger Stimmung – herabzureichen, abzustauben, in Papier, Holzwolle oder Werg zu wickeln, in die Schachteln und Kisten zu verstauen und zusammen mit dem dunkelgrünen Wandbord für ein knappes Jahr auf dem Dachboden verschwinden zu lassen.

Jetzt aber ließen wir uns, der Großvater und ich, mit frisch gewaschenen Händen am Küchentisch nieder, wo uns schon Großmutters Kaffee und Streuselkuchen erwartete.

Am Heiligen Abend aber strahlte die „Geburt" im Licht. Ich weiß nicht mehr, ob es elektrisches oder Kerzenlicht war. Für mich spielte das auch keine Rolle. Ich empfand es als Licht, das vom Himmel kam.

Gudrun Pausewang

Schaufel und Besen

Wenn ich mich recht erinnere, war ich acht Jahre alt, also in dem Alter, in dem Kinder meiner Generation noch fest daran glaubten, dass Weihnachtsgeschenke ohne Umweg vom Christkind kämen. Da ich nicht wie andere Kinder das Christkind für eine Art Zauberer hielt, sondern ihm die gleiche göttliche Allwissenheit zuschrieb wie Gott dem Vater, so erschien es mir überflüssig, sinnlos, ja häretisch, diesem göttlich allwissenden Kinde meine Wünsche in einem Brief mitzuteilen, wie es üblich war. Ich, ganz spirituell, ich dachte meinen Wunsch. Ich dachte ihn neunmal hintereinander heftig, dann ließ ich's darauf ankommen. Neunmal dachte ich ihn, weil die Zahl neun, drei mal drei, bei mir schon von je eine Rolle spielte. Aber was wünschte ich denn so heftig? Eine kleine Kehrschaufel und einen Besen …

Der Heiligabend kam, Schaufel und Besen lagen nicht unter dem Christbaum. Ich gab nicht sofort auf, ich suchte und suchte, suchte unter dem Tisch, dem Sofa, im Nebenzimmer, vor dem Fenster. Die Eltern waren ratlos, dann ärgerlich, dann böse, denn ich schwieg, und meine Suche musste etwas Besessenes gehabt haben.

Schließlich setzte ich mich auf einen Stuhl und blieb da sitzen, die Hände im Schoß, kerzengerade und stumm. Ich war gestorben, Weihnachten war gestorben.

Die Eltern bedrängten mich immer stärker, und da dies mir lästig war und da mir ja nun ohnehin alles gleichgültig war, stand ich auf und begann, mit ihren Geschenken zu spielen. Ich wahrte Haltung, war stolz und spielte Stunde um Stunde mit den Spielsachen für ein richtiges Kind.

Luise Rinser

Die Puppe Alice

So fängt das an:

„Omi“, fragt das Kind, „was wünschst du dir von mir zu Weihnachten?“

Große, neugierige Augen in einem runden Kindergesicht: Was mag Großmutter für heimliche Wünsche haben? Einen roten Ball oder eine Tüte Kaffee oder ein Paar warme Filzpantoffeln?

Das Kind liegt auf dem weichen, grauen Teppich. Wenn man darauf herumläuft, hat man ein Gefühl, als turne man auf Wolken. Und wenn man sich darauflegt, fühlt man sich wie gestreichelt. Man kann sich ausstrecken oder wie ein Hase zusammengekrümmt in der Nähe des Sessels kauern, und man kann sich auf den Bauch legen, die Ellbogen aufstützen, den Kopf in den Händen wiegen und sich mit der Großmutter unterhalten.

Sonntagsvormittagsvergnügen: Nach dem Frühstück besucht der Vater mit dem Kind die Großmutter, während die Mutter daheim das Essen zubereitet. Großmutter wohnt in einem Hochhaus, sie hat eine kleine, hübsche Wohnung ganz oben unter dem Dach. Aber sie hat kranke Beine und kann kaum noch gehen, deshalb wagt sie sich nur selten auf die Straße. Den Sommer über sitzt sie nachmittags auf dem Balkon, so kommt sie wenigstens an die Luft. Auch eine Großmutter muss sich zuweilen den Wind um die Nase wehen lassen, sonst wird sie krank, und das darf sie dem Kind nicht antun. Großmutter und Enkelin mögen sich sehr, auf den Sonntagvormittag freuen sie sich die ganze Woche über, es wird geschwatzt und gelacht. Vater ist zufrieden, wenn er zwischenhin wenigstens einmal zu Wort kommt.

Nun also die Frage: „Was wünschst du dir zu Weihnachten?"

Die Großmutter sitzt in dem alten, schäbigen Ledersessel, von dem sie sich nicht trennen möchte. „So schön eingesessen, das Ding", sagt sie jedes Mal zum Vater, wenn er ihr einen neuen Sessel kaufen will. „Lass mir mein Vergnügen, der ist mit mir alt geworden, nun muss ich ihm die Treue halten." Sie sitzt also in dem alten Sessel, schiebt die Brille, die schon wieder auf der äußersten Nasenspitze tanzt, zurück und sieht das Kind lange an. Sagt endlich, dass sie eigentlich keinen Wunsch habe. Keinen erfüllbaren Wunsch. Es wäre schön, wenn sie nicht so viel allein sein müsste, aber daran sei nichts mehr zu ändern, im Grunde habe sie sich auch an die Stille ringsum gewöhnt, es sei ja schon viel, dass wenigstens an den Sonntagen etwas Leben in ihr Zimmer einziehe.

Ein schmales, faltiges Altfrauengesicht, die Brille wandert auf der Nase entlang, die Augen suchen über den Brillenrand hinweg das Kind. Die Augen lächeln gütig. Und dann nimmt die Großmutter die Puppe des kleinen Mädchens, die Puppe Alice, die neben ihr auf dem roten Sofakissen liegt, auf den Arm, zupft ihr das gelbe Strickleid zurecht, streichelt die braunen Haare und wiegt sie sacht hin und her. Dabei summt sie ein altes Wiegenlied, den Text hat sie vergessen, es ist lange her, dass sie damit den Sohn in den Schlaf gesungen hat.

Das Kind hockt sich auf. Nicht mehr so viel allein sein müssen ... Großmutters Stimme hat plötzlich anders geklungen als sonst; ein bisschen zittrig, ein bisschen gläsern und sehr fremd. Sonst lacht Großmutter eigentlich immer. Sie lacht sogar, wenn sie Schmerzen hat, und die Schmerzen in den Beinen hören bei ihr nie auf.

Wie zärtlich sie die Puppe im Arm hält! Die Puppe Alice, die hat das Kind von allen seinen Spielsachen am liebsten. Jeden Abend nimmt sie sie mit ins Bett, und morgens darf sie mit in den Kindergarten. Dort sitzt Alice auf dem Fensterbrett und schaut zu, wie die Kinder spielen und singen und turnen. Abends vor dem Einschlafen spricht das Mädchen leise mit Alice darüber: „Hast du gesehen, wie die Ute den Jochen gekratzt hat? Bloß, weil er ihr das Schürzenband aufziehen wollte? Also, weißt du ..." Das Kind kuschelt sich an den weichen Puppenkörper. Alice antwortet nicht. Das ist nicht nötig, eine Puppe versteht man auch ohne Worte.

„Omi?", fragt das Kind leise. „Hast du Alice gern?"

Großmutter schaut gerade nach, ob die Puppe unten herum warm angezogen ist, die jungen Puppenmütter sind oft so leichtsinnig. Sie nickt.

„Aber natürlich", antwortet sie, „eine so hübsche Puppe findet man selten. Sieh nur, wie verständig sie mich anschaut! Mit der kann man sich richtig unterhalten."

Das Kind seufzt. Es erschrickt vor dem Gedanken, der da in ihm aufkeimt, keine einfache Sache, das muss man gründlich überlegen. Schon bereut es, die Frage nach dem Weihnachtswunsch überhaupt gestellt zu haben. Es hätte der Großmutter ein Bild malen sollen wie zum Geburtstag! Damals ist es ein Blumenstrauß gewesen, diesmal hätte es ein Tannenzweig sein können mit vielen bunten Kugeln. Großmutter hat sich im Sommer sehr über das Bild gefreut, es hängt noch jetzt an der Wand, gleich rechts neben dem Radio. Nun aber ist die Frage gestellt und die Antwort gehört worden. Nun kann man nicht mehr so tun, als sei nichts geschehen.

Beim Mittagessen daheim sitzt das Kind still und nachdenklich auf seinem Platz, stochert in dem Essen herum und hat keinen Appetit. Die Mutter fragt besorgt, ob es sich etwa nicht wohl fühle, daraufhin schüttelt es nur den Kopf. Keinen Appetit, nicht einmal der Pudding zum Nachtisch lockt. Das runde, sonst so fröhliche Gesicht hat einen völlig fremden Ausdruck angenommen, es scheint, als ob die Augen etwas sähen, was niemand außer ihnen wahrnehmen kann. Etwas Gewichtiges und Ernstes. Der Mutter gefällt das nicht. Vater aber meint, sie solle kein Wesen machen, auch ein fünfjähriges Mädchen habe seine Probleme, und sie würden schon herausfinden, worum es sich in diesem Falle handele. Bei der Großmutter sei noch alles in Ordnung gewesen, nur beim Abschied habe das Kind ihr keinen Kuss gegeben. Irgendeine Laune, nichts Schwerwiegendes, was solle es bei einem Kind denn schon Schwerwiegendes geben?

Das klingt sehr beruhigend, und die Mutter lächelt über die eigenen Sorgen. Sie wäscht ab, nachmittags möchte sie stopfen und stricken, während der Woche bleibt manches liegen, nun muss der Sonntag genutzt werden.

Als sie den Nähkorb aus dem Kinderzimmer holen will, bleibt sie überrascht in der Tür stehen. Da kniet das Kind vor seinem Bett, hält die Puppe in beiden Händen und sagt leise und drängend: „Du wirst es bestimmt gut bei ihr haben, und du kennst dich dort auch aus. Mach bloß nicht so ein Gesicht, was soll ich denn sagen? Meinst du, es fällt mir leicht, dich wegzuschenken? Aber wenn sie doch so allein ist – und ich kann nicht immer bei ihr sein – dich aber hat sie auch lieb! Außerdem besuche ich dich an jedem Sonntag!"

Die Mutter hält den Atem an. Das also … Sie möchte das Kind schützend in die Arme nehmen, aber sie unterlässt es. Nichts sagen. Nicht eingreifen. Gewähren lassen …

Die Puppe sitzt stumm und unbeweglich. Das Kind drückt sie fest an sich, seufzt, steht auf. Bemerkt die Mutter und lächelt verkrampft. Trägt die

Puppe ins Wohnzimmer und hält sie den ganzen Nachmittag über auf dem Schoß. Sie will sich von ihr nicht trennen, aber sie muss sich von ihr trennen, um Großmutter eine Freude machen zu können. Warum ist das Freudemachen nur so schwer?

Als die Mutter gegen Abend die Kerzen auf dem Adventskranz anzündet und das Kind fragt, ob es sich auf Weihnachten freue, bekommt sie keine Antwort. Das kleine Gesicht wird immer nachdenklicher – Weihnachten ist schön und schwer, ein Tag des Nehmens und des Gebens, nicht nur Jubel, sondern auch Selbstaufgabe, nicht nur empfangende Hände, sondern auch schenkende Hände. Worte, die das Kind nicht formen und aussprechen kann, deren Sinn es jedoch für einen kurzen Augenblick tief in sich fühlt. Etwas ist am Vormittag auf das Kind zugekommen, nun verschwindet es allmählich, ein Hauch Fremdheit, eine Ahnung von Kommendem. Was bleibt, ist gegenständlich und fassbar: Die Puppe Alice wird vom Heiligen Abend an bei der Großmutter bleiben und ihr einen winzigen Teil der Einsamkeit nehmen, die sie bedrückt.

Dieser Entschluss, einmal gefasst, wird von dem Kind nicht mehr umgestoßen. Allerdings wird auch nicht oft daran gedacht. An das, was weh tut, denkt das Kind nicht gern. Davor schließt es die Augen, daran drückt es sich vorbei, solange es möglich ist. Als es jedoch nicht mehr möglich ist, fällt es nicht in Jammern und Klagen, sondern sagt tapfer ja,

zieht der Puppe die besten Kleider an, auch die weiße Strumpfhose und die schwarzen Lackschuhe,
gibt ihr noch letzte Ermahnungen, wickelt sie in
das rote Strickcape und trägt sie am Nachmittag
des Heiligen Abends zur Großmutter.

Die Eltern kommen natürlich mit, sie haben ihre
Geschenke in buntes Papier gepackt und wollen der
Großmutter einen richtigen Gabentisch aufbauen.
Und sie wollen mit der Großmutter Kaffee trinken
und selbst gebackenen Stollen essen, bevor sie das
Kind mit zur Christvesper nehmen. Alles geplant
und gut vorbereitet, und natürlich gehört die Pup-
pe Alice dazu, sie darf auch mit in die Kirche, sagt
Mutter beim Mittagessen, weil sie immer so artig
ist und niemals stört.

Darauf schweigt das Kind. Es ist auch während
der Begrüßung in dem kleinen Flur der Hochhaus-
wohnung recht still; es zieht sich den Mantel aus,
legt Handschuhe und Mütze auf den Hocker, hängt
das Strickcape der Puppe an einen Haken und setzt
sich im Zimmer auf den Teppich. Großmutter trägt
das gute hochgeschlossene Seidenkleid, sie sieht
feierlich und vornehm aus. Der Kaffeetisch ist ge-
deckt, die Kerzen in den beiden silbernen Leuch-
tern brennen.

„Nun ist Weihnachten", sagt die Großmutter
und faltet unwillkürlich die Hände. „Ich habe so
viele Weihnachtsfeste erlebt in meinem Leben, dass
ich manchmal gedacht habe, es sei nichts Besonderes daran, und ich habe mich auch gefragt, wa-

rum die Leute so viel Aufhebens davon machen. Aber trotzdem fühle ich am Ende jedes Mal eine eigenartige Freude in mir – vor allem jetzt, wo ihr alle da seid. Den Kaffee habe ich schon gebrüht, wir können also anfangen."

Den Eltern eilt es mit dem Kaffeetrinken nicht. Erst werden die Geschenke auf dem Teewagen aufgebaut, ein Paket ist größer als das andere, die Großmutter sitzt da und schüttelt den Kopf und meint, dass es viel zu viel sei, wo solle sie nur hin mit dem Reichtum? Sie will aufstehen und nun ihrerseits die Geschenke holen, da ist das Kind plötzlich neben ihr, setzt ihr die Puppe Alice auf den Schoß und flüstert: „Die schenke ich dir. Damit du nicht mehr allein bist. Sie ist auch einverstanden, wir haben das so besprochen."

Die Eltern halten ein in ihrem geschäftigen Tun. Die Mutter erinnert sich: Das Kind vor dem Bett im Kinderzimmer … Die alte Frau schiebt sich langsam die Brille hinauf zur Nasenwurzel. Was ist das? Die Puppe Alice soll ihr gehören? Die Lieblingspuppe? Das Kind will sich von ihr trennen? Ihretwegen?

Sie schluckt. Sie nimmt die Puppe und streichelt sie, und dann hebt sie das Kind zu sich auf den Schoß. Gesprochen wird nichts. Große Freude macht den Mund stumm. Viel später humpelt sie in den Flur, kramt in einer Schublade herum und kommt mit drei kleinen Päckchen zurück. Eine Strumpfhose für die Mutter, ein Buch für den Vater, eine Babypuppe für das Kind. Die hat sie auf einem ihrer seltenen Ausflüge gekauft, und sie hat Strampelhose und Jäckchen und Mütze gestrickt, auch einen dicken, weißen Strampelsack. Das Baby hält eine Milchflasche in der Hand, es lächelt und wirft vor Vergnügen die Beine in die Luft.

„Schau", sagt die Großmutter leise, „das hat zu dir gewollt. Ich habe es gefunden, nun sollst du es versorgen. Mit einem Baby kann ich nicht mehr umgehen, das macht zu viel Mühe. Die Puppe Alice hingegen ist meine Freundin. Mit ihr kann ich mich unterhalten. Es ist sehr lieb von dir, dass du sie bei mir lassen willst. Nun wird es bei mir nicht mehr so still sein. Darüber bin ich sehr froh. Was aber soll ich mit einem Baby reden?"

Das Kind nimmt die Babypuppe und betrachtet sie lange. Lächelt. Lacht. Presst sie an sich und jubelt: „Ich mache aus ihr noch eine Alice! Pass auf, Omi, das Baby wird bestimmt einmal eine richtige Dame!"

Die Großmutter wischt sich heimlich über die Augen. Dann packt sie die vielen Pakete aus und bedankt sich bei Vater und Mutter, warme Wäsche, ein feines Nachthemd, neue Hausschuhe, Schokolade, etwas Gutes zu trinken. Über allem aber die Puppe Alice, die thront auf der Sessellehne wie ein kleiner Engel und schenkt dieser Kaffeestunde einen besonderen Glanz. Und als Großmutter mit ihrer dünnen Stimme plötzlich zu singen anfängt, weil ihr danach zumute ist, baumelt Alice sogar mit den Beinen, das Kind bemerkt es sofort. Es beugt sich über die Babypuppe und flüstert heimlich: „Nun wird sie übermütig, sieh bloß hin!"

Dann singt das Kind mit. Laut und fröhlich. Auch die Eltern fallen ein, eine kleine Probe für den Gesang in der Kirche, später, zur Christvesper.

Anneliese Probst

Weihnachten der Kindheit

Das Erlebnis, dessen ich mich heute erinnere, hat nicht einmal Minuten gedauert, nur Sekunden. Aber in den Sekunden des Erwachens und Sehendwerdens sieht man viel, und das Erinnern und Aufzeichnen braucht, wie bei Träumen, das Vielfache an Zeit als das Erleben selbst.

Es war in unsrem Vaterhaus in Calw, und es war Weihnachtsabend im „schönen Zimmer", die Kerzen brannten am hohen Baum, und wir hatten das zweite Lied gesungen. Der feierlichste und höchste Augenblick war schon vorüber, der war das Vorlesen des Evangeliums: Da stand unser Vater hoch aufgerichtet vor dem Baum, das kleine Testament in der Hand, und halb las er, halb sprach er auswendig mit festlicher Betonung die Geschichte von Jesu Geburt: „Und es waren Hirten daselbst auf dem Felde bei den Hürden, die hüteten des Nachts ihre Herde ..." Dies war das Herz und der Kern unsres Christfestes: das Stehen um den Baum, die

bewegte Stimme des Vaters, der Blick in die Ecke
des Zimmers, wo auf halbrundem Tisch zwischen
Felsen und Moos die Stadt Betlehem aufgebaut war,
die letzte freudige Spannung auf die Bescherung,
auf die Geschenke, und bei alledem im Herzen der
leise Widerstreit, der zu allen unsern Festen gehörte, der sie uns ein wenig verdarb und störte und
sie zugleich erhöhte und steigerte: der Widerstreit
zwischen Welt und Gottesreich, zwischen natür-
licher Freude und frommer Freude. War es auch
nicht so schlimm wie an Ostern, und war auch am
Geburtsfest des Herrn Jesus ohne Zweifel Freude
nicht nur erlaubt, sondern geboten, so war doch
die Freude über Jesu Geburt im Stalle zu Betlehem
und die Freude am Baum und Kerzenlicht und am
Duft der Lebkuchen und Zimmetsterne und die
drängende Spannung im Herzen, ob man wirklich
das seit Wochen Gewünschte auf dem Gabentisch
finden werde, eine wunderlich unreine Mischung.
Indessen das war nun so, zu den Festen gehörte
ebenso wie die Kerzen und die Lieder auch die leise
Betretenheit und dieser sanftbange kleine Beige-
schmack von schlechtem Gewissen.

Wenn ein Geburtstag im Hause gefeiert wurde, so begann die Feier stets mit dem Singen eines
Liedes, das mit der zweifelnden Frage anhob: „Ist's
auch eine Freude, /Mensch geboren sein?" Nun, es
war eine Freude, trotzdem, und als Kind hatte ich
Jahr um Jahr über das Fragezeichen hinweggesun-
gen und war überzeugt gewesen, dass das „Mensch

geboren sein" wirklich eine Freude sei, zumal an Geburtstagen. Und so waren wir auch heut, an diesem Christabend, alle von Herzen fröhlich.

Das Evangelium war gesprochen, das zweite Lied war gesungen, ich hatte schon während des Singens die Tischecke erspäht, wo meine Geschenke aufgebaut waren, und jetzt näherte sich jeder seinem Platze, die Mägde wurden von der Mutter an die ihren geführt. Es war im Zimmer schon warm geworden und die Luft ganz überfüllt vom Geflimmer der Kerzen, vom Wachs- und Harzgeruch und vom starken Duft des Backwerks. Die Mägde flüsterten aufgeregt miteinander und zeigten sich und betasteten ihre Sachen, eben hatte meine jüngere Schwester ihre Geschenke entdeckt und stieß einen lauten Jubelruf aus.

Ich hatte mich, wie wir alle, vom Christbaume weg und den Tischen zugewendet, wo die Geschenke lagen, ich hatte meinen Platz mit suchenden Augen entdeckt und strebte jetzt auf ihn zu. Dabei musste ich meinen kleinen Bruder Hans und ein niedriges Kinder-Spieltischchen umgehen, auf dem seine Bescherung aufgebaut war. Mit einem Blick streifte ich seine Geschenke, ihr Mittelpunkt und Prunkstück war ein Satz von winzig kleinem Tongeschirr; drollig liliputanische Tellerchen, Krügchen, Tässchen standen da beisammen, komisch und rührend in ihrer hübschen Kleinheit, jede Tasse war kleiner als ein Fingerhut. Über dieses tönerne Zwerggeschirr gebeugt, mit vorgestrecktem Kopf,

stand mein kleiner Bruder, und im Vorbeigehen sah
ich eine Sekunde lang sein Kindergesicht – er war
fünf Jahre jünger als ich – und habe es in dem halb-
en Jahrhundert, das seitdem vergangen ist, manche
Male in Erinnerung so wiedergesehen, wie es mir in
jener Sekunde sich offenbarte: ein still strahlendes,
leicht zum Lächeln zusammengenommenes, von
Glück und Freude ganz und gar verklärtes und ver-
zaubertes Kindergesicht.

Dies war das ganze Erlebnis. Es war schon vorüber, als ich mit dem nächsten Schritt bei meinen
Geschenken angekommen war und von ihnen in
Anspruch genommen wurde, Geschenke, von denen ich heute keins mehr mir vorstellen und benen-
nen kann, während ich Hansens Töpfchen noch in
genauester Erinnerung habe. Im Herzen blieb das
Bild bewahrt, bis heute, und im Herzen geschah
alsbald, kaum dass mein Auge das Brudergesicht
wahrgenommen hatte, eine mannigfaltige Bewe-
gung und Erschütterung. Die erste Regung im
Herzen war die einer starken Zärtlichkeit gegen den
kleinen Hans, gemischt jedoch mit einem Gefühl
von Abstand und Überlegenheit, denn hübsch und
entzückend zwar, aber kindisch erschien mir solche
Verklärtheit und Beseligung über diesen kleinen
tönernen Kram, den man beim Hafner für ein paar
Groschen haben konnte. Indessen widersprach
schon die nächste Zuckung des Herzens wieder:
Sofort nämlich, oder eigentlich schon gleichzeitig
empfand ich meine Verachtung für diese Krügel-

chen und Tässchen als etwas Schmähliches, ja Ge-
meines, und noch schmählicher war mein Gefühl
von Klügersein und von Überlegenheit über den
Kleineren, der sich noch so bis zur Entrücktheit
zu freuen vermochte und für den die Weihnacht,
die Tässchen und das alles noch den vollen Zau-
berglanz und die Heiligkeit hatten, die sie einst
auch für mich gehabt hatten. Das war der Kern und
Sinn dieses Erlebnisses, das Aufweckende und Er-
schreckende: es gab den Begriff „Einst" für mich!
Hans war ein Kind, ich aber wusste plötzlich,
dass ich keines mehr sei und nie mehr sein würde!
Hans erlebte sein Gabentischchen wie ein Para-
dies, und ich war nicht nur solchen Glückes nicht
mehr fähig, sondern ich fühlte mich ihm mit Stolz
entwachsen, mit Stolz und doch auch beinah mit
Neid. Ich blickte zu meinem Bruder, der eben noch
meinesgleichen gewesen war, aus einer Distanz hinüber, von oben und kritisch, und fühlte zugleich
Scham darüber, dass ich ihn und sein Tongeschirr
so hatte betrachten können, so zwischen Mitleid
und Verachtung, so zwischen Überheblichkeit und
Neid. Ein Augenblick hatte diese Distanz geschaf-
fen, hatte diese tiefe Kluft aufgerissen. Ich sah und
wusste plötzlich: Ich war kein Kind mehr, ich war
älter und klüger als Hans, und war auch böser und
kälter.

Es war an jenem Christabend nichts geschehen,
als dass ein kleines Stück Wachstum in mir drängte
und Unbehagen schuf, dass im Prozess meiner Ich-

werdung einer von tausend Ringen sich schloss –
aber er tat es nicht, wie fast alle, im Dunkeln, ich
war einen Augenblick wach und mit Bewusstsein
dabei, und ich wusste zwar nicht, konnte es aber am
Widerstreit meiner Empfindungen deutlich spüren,
dass es kein Wachstum gibt, das nicht ein Sterben
enthält. Es fiel in jenem Augenblick ein Blatt vom
Baum, es welkte eine Schuppe von mir ab. Dies
geschieht in jeder Stunde unseres Lebens, es ist des
Werdens und Welkens kein Ende, aber nur sehr
selten sind wir wach und achten einen Augenblick
auf das, was in uns vorgeht. Seit der Sekunde, in
der ich das Entzücken im Gesicht meines Bruders
gesehen, wusste ich über mich und über das Leben
eine Menge Dinge, die ich beim Eintritt in dies
festlich duftende Zimmer und beim Mitsingen des
Weihnachtsliedes noch nicht gewusst hatte.

Hermann Hesse

Weihnachten in schwerer Zeit

Es wird gut sein*

Es wird gut sein, wenn wir uns heute noch einmal
an jenes tiefe Weihnachtserlebnis der Kriegszeit
erinnern. Denn wir sind schon wieder im Begriff
es zu vergessen. Zwar äußerlich hat sich unsere
betriebsame Zeit des Festes eifrig angenommen.
Schon lange vor dem Heiligen Abend leuchten in
den Schaufenstern die Christbäume, ein hochge-
triebener Geschäftsverkehr bemüht sich um die
Weihnachtsgeschenke, viele schöne Sachen werden
angeboten und verkauft. Man bäckt wieder Kuchen
und Plätzchen wie in der Vorkriegszeit. Das alles
sieht recht festlich aus, und doch – ist es uns nicht,
als gehe über diesen allzu lauten, allzu grellen Vorbereitungen der Weihnacht die Weihnacht selbst
unter, die Botschaft von dem Kind, in dem Gott
Mensch geworden? Ja, diese Botschaft, täuschen
wir uns nicht, sie wird weithin überhört oder überhaupt nicht mehr verstanden. Weihnachten ist für
viele eine weltliche Veranstaltung geworden, die viel
Geld kostet und viel Geld einbringt, das Kind von
Betlehem aber steht fremd und obdachlos geworden vor den Türen unserer Häuser wie einst seine
Eltern vor der Herberge zu Betlehem. Und doch

---

* Titel redaktionell

hat sich an diesem Kind das Schicksal der Jahrtau-
sende entschieden, Jahrhunderte haben an dieses
Kind geglaubt. Unzählige sind dafür gestorben,
Millionen haben dafür gelebt! Dieses Kind hat die
Kultur des Abendlandes bestimmt und getragen,
und wenn wir heute wagen trotz aller Zerrissen-
heit der Völker – an eine Gemeinschaft des Abendlandes zu glauben, so können wir dies nur, weil es
die Weihnachtsgnade gibt, eben dieses Kind von
Betlehem, das uns vereinigt über die Grenzen der
Nationen und Konfessionen hinweg, ja sogar über
die Trennung von Zweifel und Unglauben hinweg:
Noch in der Verneinung schließt der Name dieses
Kindes unsere Welt zusammen als der Name, dem
kein anderer Name an Bedeutung gleichkommt.
Und selbst die vorchristliche Zeit würde nicht sein,
was sie war, ohne das Kind von Betlehem. Denn
für die Antike war das Erscheinen des Göttlichen
im Menschen keine befremdende Vorstellung. In
naiver Weise verkündet es die griechische Sage,
in heiligdunklem Stammeln der Prophet und die
Sibylle. Woher kommt es, dass heute, fast zwei-
ausend Jahre nach jener adventlichen Erwartung,
die Erfüllung so vielen gleichgültig, ja fragwürdig
erscheint? Liegt es an dem modernen Weltbild, in
dessen ungeheuren Weiten an Raum und Zeit uns
Gott zu entschwinden droht? Allein, wir haben es
ja bei der Weihnachtsbotschaft gar nicht mit den
Weltenräumen zu tun, obwohl der Stern von Betlehem auch deren Teilnahme bezeugt.

„Falte deine Flügel. O Seele, wende dich aus der Ferne, steige ab vom Himmel in dein kleines Haus", heißt es in einem Weihnachtshymnus. Und weiter: „Rufe deine Füße heim, rufe dein Herz heim, rufe sie an, deine arme Menschheit."

Nein, wir haben es bei der Weihnachtsbotschaft nicht mit den Weltenräumen und darum auch nicht mit den Zweifeln der modernen Wissenschaft zu tun – es geht um die Offenbarung Gottes im Menschen.

Gertrud von Le Fort

Eine andere Weihnachtsgeschichte

Es muss 1951 gewesen sein. Wir hatten ein Haus in einem Vorort von Hannover bezogen. Ein wahrer Glücksfall, sechs Jahre nach der Flucht aus Schlesien nun ein Haus, mit einem großen Garten, eigenen Zimmern für die Kinder, unvorstellbar nach der Enge zuvor. Und es war Weihnachten. Der Morgen des Heiligen Abends, für die Kinder die Stunde größter Ungeduld, für die Frau die Hetze letzter Vorbereitungen auf das große Fest.

Sie musste noch einmal in die Stadt. Da liegt frierend und mit bettelnden Augen ein völlig verhungerter junger Hund vor der Haustür. Er möchte ins Haus, fressen und trinken. Er wird eingelassen und bekommt, was er will, gierig, völlig verhungert stürzt er sich auf den Fressnapf, umringt von den

Kindern. Sie wollen ihn behalten. Aber nun – zu drei Menschenkindern noch ein Hund, und noch dazu dieser, verdreckt, eine Mischung aus Terrier und Pudel ... Und wem ist er entlaufen? Außerdem muss meine Frau in die Stadt.

So wird er wieder hinausgeführt. Aber er läuft mit, immer hinter der Frau, als gehöre er schon dazu, bis zur Haltestelle. Die Straßenbahn kommt, er will mit einsteigen. Er darf es nicht. Er bleibt zurück, ein Häufchen Elend, frierend und schmutzig.

Meine Frau ist wohl eine kleine Stunde in der Stadt geblieben. Aber als sie – zurück mit den letzten Einkäufen – aus der Straßenbahn steigt, sieht sie ihn wieder. Er hat diese Stunde gewartet, auf seine letzte Hoffnung: dass er aufgenommen würde ins Warme und Menschliche. So kommen sie beide zusammen wieder an, jubelnd von den Kindern begrüßt. Der Vater wird gefragt: Ja, am Heiligen Abend müssen wir ihn wohl aufnehmen. Im Stall von Betlehem war sicher auch ein Hund. Auf den alten Bildern ist er immer wieder zu sehen. Er sieht dem kleinen Heimatlosen sehr ähnlich.

So kam er zu uns. Er blieb 14 Jahre. Er war ein treuer Hund. Er zog mit uns nach Berlin und wurde der unbestrittene Herr ganzer Straßen in Lichterfelde. Er zeugte unzählige Kinder. Noch heute sind sie in Enkeln und Urenkeln zu erkennen, schwarzweiß, sehr preußisch. Er kämpfte mit allen Artgenossen, todesmutig. Er wartete Stunden

vor den Gartentoren läufiger Hündinnen und fror
einmal beinahe im Eise an. Er war Liebling und
Held, sehr robust, fast ordinär, aber zuverlässig
und uns allen unbeirrbar zugetan. Er starb 1965.
Er hieß Fips.

Wäre es nun nicht der Heilige Abend gewesen,
damals in Westerfeld, hätten wir ihn je geschenkt
bekommen?

Heinrich Albertz

Geboren am 24. Dezember 1945

In jener kalten, dunklen Nacht. In Vicovice. Polanka. Rosnova. Nemece. Oder eine andere tsche-
chische Stadt. Wer weiß heute noch ihren Namen?
Das ist lange her.

Aber da war ein Kind. Das ist dort geboren. In
seinem Pass muss der Name jener tschechischen
Stadt stehen, die es nie gesehen hat. Wo ist dieses
Kind geblieben, dessen Mutter gestorben ist, bevor
man erfahren hat, woher sie kam? Ein Kind, ein
neugeborenes Kind in einem tschechischen Lazarett, zwischen Sterbenden, Schwerverwundeten,
Verzweifelten, Hoffenden und: tschechischer Mi-
liz. In Hunger, in Kälte, ein neugeborenes Kind,
in jenem ersten Winter, in dem der Krieg zu Ende
war. War er wirklich zu Ende?

Und dann starb die Mutter, von der niemand
etwas wusste, nur dass sie Maria hieß. Viele Frauen

im Osten heißen Maria. Eine junge Mutter, fast noch ein Mädchen, sie hat dort ihr erstes Kind geboren, einen Sohn, und weil es der vierundzwanzigste Dezember war, hatte man ihm den Namen Christian gegeben. Aber nicht nur deshalb. Dieses Kind, von dem niemand je wieder gehört hat, ist für eine Stunde das Kind in der Krippe gewesen, das Heil der Welt.

Von jener Weihnachtsnacht in Vicovice, Rosnova, Nemece erzählen die Männer, die dabei gewesen sind, manchmal ihren Frauen. Jener, der damals ein Hirte war und heute ein Pfarrer ist, erzählt, wenn er in der Heiligen Nacht seine Ansprache hält, seiner Gemeinde von diesem Kind; und auch der, der nur die Beine des Schafes festgehalten hat, erzählt davon, damals war er Sanitäter, und an jenem Abend war auch er ein Hirte; alle, die noch am Leben sind, es sind nicht mehr viele, suchen insgeheim noch immer nach diesem Kind. In seinem Pass muss der Name jener tschechischen Stadt stehen und das Datum des vierundzwanzigsten Dezember neunzehnhundertfünfundvierzig.

Wenn er noch lebt – sagen sie dann nachdenklich zu ihren Frauen, wenn er noch am Leben ist –, was ist aus ihm geworden? Er hat doch eine Stunde in der Krippe gelegen, verstehst du? Und was ist aus den anderen geworden; dem, der den Hammel festgehalten hat, weißt du, er war Sanitäter, er konnte Tschechisch, er stand sich gut mit denen, er hat immer den Wassermann geprüft, dazu braucht man einen Hammel, aber davon verstehst du nichts. Dieses Tier zwischen uns, das war wichtig, daran erkannte man nämlich, dass wir Hirten waren, die von dem Felde kamen, weißt du, „und hüteten des Nachts ihre Herden", wir kamen doch aus dem Felde, von überall her kamen wir, es war so ein Sammellazarett. Und dann war da einer, der hat angefangen: Er hat seine Jacke, die innen aus Lammfell war, gegeben, und da hinein hat ein anderer das Kind gelegt. Er brauchte sie bald nicht mehr, er wusste das. Er war mit dabei, alle waren wir dabei, die Sterbenden und die Schwerverwundeten, die beiden Schwestern, die keine Engel sein wollten, nur zuerst, da hatten sie sich aufgestellt wie Engel. Sie hatten sogar die Haube vom Haar genommen und gelacht, aber dann muss etwas geschehen sein: Sie traten zurück, sie wollten nicht im Vordergrund stehen, zwei Schritte nur, aber alle merkten: Engel waren sie nicht, konnten sie auch nicht werden, auch eine solche Nacht erlöst ein Mädchen nicht. Sie reihten sich zu den Hirten, stellten sich neben den Hammel, und die eine von ihnen hielt die Stalllaterne hoch, als die Kerze abgebrannt war.

Die junge Mutter Maria weinte; in ihrem Schoß und zu ihren Füßen lagen Brot, ein Stück Speck, eine Decke aus Wolle. Weihrauch, Myrrhe und Gold auch für dieses Kind. Es waren keine Könige, die vor das Kind hintraten, aber sie sahen aus, als seien sie weise geworden. Weise aus dem Morgenland. Sie kamen aus dem Osten, ein unheiliger Stern hatte sie dorthin geführt, wo sie jetzt standen, aber ein guter Stern würde sie bald nach Hause führen. Sie trugen graue wattierte Röcke, einer hatte den Arm in der Schlinge, einer hatte nur noch ein Bein, und ein dritter trug eine Binde vor den zerstörten Augen, er war der Jüngste von ihnen.

Der Älteste hatte den Platz neben Maria eingenommen, er hieß Josef. Er hätte ihr Vater sein können, und er hätte sie wohl auch länger beschützt als nur diese eine Nacht. Er hatte niemanden mehr, der ihn noch brauchte. Er wollte sie mit sich nehmen, sie und das Kind. Der Krieg war zu Ende, man musste ihn bald entlassen, alt und krank, wie er war. Mit ihr wollte er nach Hause, in ein neues Zuhause. Sie wusste das noch nicht, er hatte es sich ausgedacht, als er das Kind im Schein der Laterne sah.

Es hat keinen Zuschauer gegeben in jener Nacht. Es war auch kein Spiel gewesen, kein Spiel an der Krippe mit frommen Liedern. Gesungen hatte keiner. Angefangen hat es mit diesem Kind. Am späten Vormittag hatte man das Weinen gehört, einer hatte es zuerst gehört, hatte die anderen aufmerksam gemacht: Sie horchten. Ein Kind. Ein neugeborenes Kind! Irgendwo im Lazarett, versteckt vor den tschechischen Wachtposten.

Also hatte man die Frau doch nicht fortgeschickt. Am Nachmittag trug die Schwester, die jüngere von den beiden, das Kind auf einem Kissen im Arm und lief damit von einem Saal in den anderen und rief: Ein Kind! Seht bloß, ein Kind!

Sie war seit drei Jahren im Krieg, seit drei Jahren war sie Krankenschwester, aber sie hatte noch nie ein neugeborenes Kind im Arm getragen. Nur Tote kannte sie. In dem einen Saal hat sie gesagt: Seht! Ein Kind ist uns geboren! – Sie wusste nicht, dass sie mit den Worten des Evangeliums sprach, vielleicht hatte sie die nie gehört. Sie weinte, weil sie erst seit einer Stunde wusste, dass ein Kind Liebe bedeutet und dass alles, was sie von der Liebe wusste, falsch war, weil das Kind die Liebe und die Liebe das Kind ist. Sie weinte und stand zwischen den Betten und hielt den Männern das Kind hin. Keiner hat gelacht. Sie wandten nur die Köpfe weg, zogen die grauen Decken höher, dass man den Atem nicht sah. Dann kam einer von den tschechischen Soldaten und scheuchte die Schwester aus dem Saal; die aber lächelte und hielt auch ihm das Kind hin, und da ließ er sie vorbeigehen, rührte sie nicht an, was er sonst tat und was sie sonst zuließ.

Es dämmerte früh. Kein Baum, keine Lichter, keine Briefe und kein Paket von zu Hause. Schlimmer als im Krieg. Dann weint das Kind, und niemand weiß nachher mehr, wie das alles gekommen war. Sie heißt Maria, hat einer gesagt, und der hat es dem im nächsten Bett weitergesagt. – Es geht ihr schlecht. – Sie muss wohl sterben. – Da war es schon eine Stunde später, die Suppe war schon ausgeteilt, die Lampe über der Tür brannte, die vergitterte blaue Glühbirne, bei deren Schein man keinen Brief hätte lesen können.

Bald danach waren sie aufgestanden, hatten ihre wattierten Röcke und Mäntel angezogen, einer hatte dem anderen geholfen. Sie hatten das Kind sehen wollen. Sie hatten eine Frau sehen wollen, die ein Kind geboren hat. – Jeder hatte seinen Platz bald gefunden: die einen als Hirten, die anderen als Könige, als Josef der eine. Sie hatten auch Witze gemacht, so ganz geheuer war es ihnen nicht. Einer von ihnen hieß nämlich Ochse, und der musste sich neben den Hammel stellen, den Wassermannhammel. Sie trugen herbei, was sie unter dem Kissen vor den Blicken der Kameraden und dem Zugriff der Wachsoldaten versteckt gehalten hatten. Einer soll noch sein Eisernes Kreuz besessen haben, das hat er auch hingelegt. So etwas geschieht, da lacht keiner. Keiner hat darin das Kreuz gesehen, damals, das Kreuz bei der Krippe. Er hat ja auch nur gegeben, was ihm zu geben am schwersten fiel. Die Soldaten standen in der einen Ecke, die Tschechen, die Feinde, mit ihren Gewehren in der anderen; zuerst stützten sie sich drauf, dann legten sie sie auf den Boden, zu Füßen des Kindes. Die junge Maria lächelte, die Wangen gerötet, die Augen glänzend und das Haar aufgelöst und blond. Sie verstand nichts mehr von alldem, ihr Kind lag warm und beschützt, sie fürchtete sich nicht mehr, sie lächelte in Traum und Fieber.

Hat wirklich einer gesagt: „Friede auf Erden?" – Gehört hatten sie es alle, in dieser Stunde haben sie alle das Heil der Welt erblickt; die Könige, die keine Weisen waren, die Hirten, der Mann, der den blökenden Hammel an den Beinen hielt, dass er stillstand und das Bild nicht störe, und die Schwester, die die Laterne hochhielt, und der Mann, der ein Josef sein wollte, und der, der seine Jacke hergegeben hat, weil er wusste, dass das Kind sie nötiger brauchen würde als er.

In der Weihnachtsnacht, wenn ihre Kinder in den Betten liegen, versuchen die Männer, die damals dabei gewesen sind, in jener kalten, dunklen Nacht in Vicovice, Polanka, Rosnova, Nemece oder wie dieser Ort nun heißen mag, ihren Frauen davon zu erzählen. Und dann fragen die: Wer warst denn du? – Ich? Ich war der mit dem Hammel, sagen sie. – Ich war der Junge, der mit der Binde vor den Augen, weißt du das nicht? Der geführt werden musste. – Ich war einer von den Königen aus dem Morgenlande, ich hatte Wein, einen ganzen Krug voll Wein …

Wirklich?, fragen die Frauen. Du warst einer von den Königen, den Weisen? – Du warst der mit dem blökenden Hammel? – Du warst jener Josef?

Sie sind ungläubig, sie lachen.

Es ist schwer, diese Geschichte zu erzählen. Von Jahr zu Jahr wird es schwerer.

Christine Brückner

Abendmahlslied zu Weihnachten

Mein Gott, dein hohes Fest des Lichtes
hat stets die Leidenden gemeint.
Und wer die Schrecken des Gerichtes
nicht als der Schuldigste beweint,
dem blieb dein Stern noch tiefverhüllt
und deine Weihnacht unerfüllt.

Die ersten Zeugen, die du suchtest,
erschienen aller Hoffnung bar.
Voll Angst, als ob du ihnen fluchtest,
und elend war die Hirtenschar.
Den Ärmsten auf verlassenem Feld
gabst du die Botschaft an die Welt.

Die Feier ward zu bunt und heiter,
mit der die Welt dein Fest begeht.
Mach uns doch für die Nacht bereiter,
in der dein Stern am Himmel steht.
Und über deiner Krippe schon
zeig uns dein Kreuz, du Menschensohn.

Herr, dass wir dich so nennen können,
präg unseren Herzen heißer ein.
Wenn unsere Feste jäh zerrönnen,
muss jeder Tag noch Christtag sein.
Wir preisen dich in Schmerz, Schuld, Not
und loben dich bei Wein und Brot.

Jochen Klepper

Weihnachtsurlaub im Krieg*

25. Dezember 1940. Mittwoch (Erster Christtag)

Der Tag erstrahlte im Glanz der Weihnachtssonne. Wohl fehlte manche traditionelle Äußerlichkeit – aber was ist es für ein reiches, behütetes, gesegnetes und nun nur noch tieferes Fest. Die Kirche sehr voll, die Predigt sehr schön. Mir fehlte das Abendmahl – und da sprach Pastor Wiese nach dem Weihnachtsevangelium mein „Abendmahlslied zu Weihnachten". Fast war's zu viel für das bewegte Herz. Wie wärmend war es: Wie uns wieder die Pastoren in der Kirche, die Kirchgänger von allen Seiten mit so warmen Wünschen begrüßten! Hier, hier ist Heimat.

Von Jahr zu Jahr ist Weihnachten tiefer und reicher geworden. So habe ich das Weihnachtsevangelium noch nie gehört wie dieses Jahr. Die Schwere des Jahres wird getragen von der Gnade dieses Festes.

Ich war aus allem gegangen: Ich bin in alles heimgekehrt; ich muss nach dem Feste wiederum aus allem gehen. Aber das Gleichnis bleibt von der endgültigen Heimkehr ins himmlische Vaterhaus und die ewige Heimat. – Noch nie war mir ein Weihnachten so erfüllt von der Erwartung der Wiederkehr dessen, der Weihnachten gekommen ist. Dass er wiederkommt: das ergreift uns am tiefsten.

---

* Titel redaktionell

Den Gottesdiensten gab es ihr besonderes
Gepräge, dass die vielen hier arbeitenden auslän-
dischen Proletarier dichte Reihen füllten, kein
Wort verstehend, nur dem Anblick des weihnacht-
lich geschmückten Altars hingegeben.

Jochen Klepper

Weihnachten in der Gefängniszelle

Dietrich Bonhoeffer an die Eltern

17. Dezember 1943

Ich brauche Euch nicht zu sagen, wie groß meine
Sehnsucht nach Freiheit und nach Euch allen ist.
Aber Ihr habt uns durch Jahrzehnte hindurch so
unvergleichlich schöne Weihnachten bereitet, dass
die dankbare Erinnerung daran stark genug ist, um
auch ein dunkleres Weihnachten zu überstrahlen.
In solchen Zeiten erweist es sich eigentlich erst, was
es bedeutet, eine Vergangenheit und ein inneres Er-
be zu besitzen, das von dem Wandel der Zeiten
und Zufälle unabhängig ist. Das Bewusstsein von
einer geistigen Überlieferung, die durch Jahrzehnte
reicht, getragen zu sein, gibt einem allen vorüber-
gehenden Bedrängnissen gegenüber das sichere
Gefühl der Geborgenheit ... Vom Christlichen her
gesehen kann ein Weihnachten in der Gefängnis-

zelle ja kein besonderes Problem sein. Wahrschein-
lich wird in diesem Hause hier von vielen ein sinn-
volleres und echteres Weihnachten gefeiert werden
als dort, wo man nur noch den Namen des Festes
hat. Dass Elend, Leid, Armut, Einsamkeit, Hilflosigkeit und Schuld vor den Augen Gottes etwas
ganz anderes bedeuten als im Urteil der Menschen,
dass Gott sich gerade dorthin wendet, wo die Menschen sich abzuwenden pflegen, dass Christus im
Stall geboren wurde, weil er sonst keinen Raum in
der Herberge fand, – das begreift ein Gefangener
besser als ein anderer und das ist für ihn wirklich
eine frohe Botschaft, und indem er das glaubt, weiß
er sich in die alle räumlichen und zeitlichen Grenzen sprengende Gemeinschaft der Christenheit
hineingestellt, und die Gefängnismauern verlieren
ihre Bedeutung.

Weihnachtlicher Friede

Das Wort der Weihnacht

Zu denen hebt das Wort der Weihnacht an zu sprechen, die arm und elend sind, und denen die Einsamkeit oft das Herz abdrücken will. Denen verkündet Jesus seinen Frieden, die hier so viel ungelöste Rätsel ihres Daseins haben. Nicht dass Jesus den Kampf wegnimmt, wir bleiben im Kampf. Aber sein Frieden hat den Himmel aufgerissen und in das Dunkel dieser Welt das helle Licht strömen lassen. Gott ist in ihm gekommen, Gottes Hände strecken sich fest und klar zu uns herab. Lasst uns zur Krippe gehen und schauen, wie in diesem Kind Gottes Friede zu uns kommt. Er ist unser Friede. Er spricht: „Bring mir all deinen Unfrieden, ich gebe dir meinen Frieden. Alles, was mein ist, das ist dein."

Friedrich von Bodelschwingh

Der Engel des Friedens*

Als die Menge der himmlischen Heerscharen über den Feldern von Betlehem jubelte: „Ehre sei Gott in den Höhen und Friede auf Erden unter den

---

* Titel redaktionell

Menschen", hörte ein kleiner Engel plötzlich zu singen auf. Obwohl er im unendlichen Chor nur eine kleine Stimme hatte, machte sich sein Schweigen doch bemerkbar. Engel singen in geschlossenen Reihen, da fällt jede Lücke sogleich auf. Die Sänger neben ihm stutzten und setzten ebenfalls aus. Das Schweigen pflanzte sich rasch fort und hätte beinahe den ganzen Chor ins Wanken gebracht, wenn nicht einige unbeirrbare Großengel mit kräftigem Anschwellen der Stimmen den Zusammenbruch des Gesanges verhindert hätten.

Einer von ihnen ging dem gefährlichen Schweigen nach. Mit bewährtem Kopfnicken ordnete er das weitere Singen in der Umgebung und wandte sich dann dem kleinen Engel zu. „Warum willst du nicht singen?", fragte er ihn streng.

Der antwortete: „Ich wollte ja singen. Ich habe meinen Part gesungen bis zum ‚Ehre sei Gott in den Höhen'. Aber als dann das mit dem ‚Frieden auf Erden unter den Menschen' kam, konnte ich nicht mehr weiter mitsingen. Auf einmal sah ich die vielen römischen Soldaten in diesem Land und in allen Ländern. Immer und überall verbreiten sie Krieg und Schrecken, bringen Junge und Alte um und nennen das römischen Frieden. Und auch wo nicht Soldaten sind, herrschen Streit und Gewalt, fliegen Fäuste und böse Worte zwischen den Menschen und regiert die Bitterkeit gegen Andersdenkende. Sogar dieses Paar mit dem neugeborenen Kind musste wegen der Steuer des Augustus nach

Betlehem ziehen, und wer weiß, was die Menschen mit diesem Kind machen werden!"

„Weißt denn du es?", unterbrach ihn der Großengel. „Nein, ich weiß es nicht und kann es nicht voraussehen", erwiderte der Kleine. „Aber das, was sich sehe, genügt mir. Es ist nicht wahr, dass auf Erden Friede unter den Menschen ist, und ich singe nicht gegen meine Überzeugung!" Und er zeigte ein trotziges Gesicht. Einige seiner jüngeren Nachbarn riefen laut Beifall.

„Schweigt! – Vielmehr: Singt!", rief der große Engel ihnen zu und nahm den jungen Rebellen zur Seite. Dort sprach er ihm zu: „Du willst also wissen, was Friede ist? Du lässt zu, dass ein friedloser Gedanke durch dein Gemüt zieht, und steckst andere mit deiner Unruhe an? Du brichst die Harmonie unseres Gotteslobes und störst die Einheit der himmlischen Welt, weil dir der Unfriede der menschlichen Welt zu schaffen macht? Du verstehst nicht, was in dieser Nacht in Betlehem geschehen ist, und willst die Not der ganzen Welt verstehen?"

Der kleine Engel verteidigte sich: „Ich behaupte nicht, alles zu verstehen. Aber ich merke doch den Unterschied zwischen dem, was wir singen, und dem, was auf Erden ist. Der Unterschied ist für mein Empfinden zu groß, und ich halte diese Spannung nicht länger aus."

Der große Engel schaute ihn lange schweigend an. Er sah wie abwesend aus. Es war, als ob er auf eine höhere Weisung lauschen würde. Dann nickte er und begann zu reden:

„Gut. Du leidest am Zwiespalt zwischen Himmel und Erde, zwischen der Höhe und der Tiefe. So wisse denn, dass in dieser Nacht eben dieser Zwiespalt überbrückt wurde. Dieses Kind, das geboren wurde und um dessen Zukunft du dir Sorgen machst, soll unseren Frieden in die Welt bringen. Gott gibt in dieser Nacht seinen Frieden allen und will auch den Streit der Menschen gegen ihn beenden. Deshalb singen wir, auch wenn die Menschen dieses Geheimnis mit all seinen Auswirkungen noch nicht hören und verstehen. Wir übertönen mit unserem Gesang nicht den Zwiespalt, wie du meinst. Wir singen das neue Lied."

Der kleine Engel rief: „Wenn es so ist, singe ich gern weiter." Der große schüttelte den Kopf und sprach: „Du wirst nicht mitsingen. Du wirst einen andern Dienst übernehmen. Du wirst nicht mit uns in die Höhe zurückkehren. Du wirst von heute an den Frieden Gottes und dieses Kindes zu den Menschen tragen. Tag und Nacht wirst du unterwegs sein. Du sollst an ihre Häuser pochen und ihnen die Sehnsucht nach Frieden in die Herzen legen. Du sollst bei ihren trotzigen und langwierigen Verhandlungen dabei sein und mitten ins Gewirr der Meinungen und Drohungen deine Gedanken fallen lassen. Du sollst ihre heuchlerischen Worte aufdecken und die anderen gegen die falschen Töne misstrauisch machen, damit die wahre Meinung zum Vorschein kommt und sie erschrecken. Sie werden dir die Türe weisen, aber du wirst auf der Schwelle sitzen bleiben und hartnäckig warten. Du sollst die Unschuldigen unter deine Flügel nehmen und ihr Geschrei an uns weiterleiten. Du wirst nichts zu singen haben, du wirst viel weinen und klagen müssen."

Der kleine Engel war unter diesen Worten zuerst noch kleiner, dann aber größer und größer geworden, ohne dass er es selber merkte. Er wollte sich gegen diese schwere Aufgabe auflehnen, aber der andere Engel sagte: „Du hast es so gewollt. Du liebst die Wahrheit mehr als das Gotteslob. Dieses Merkmal deines Wesens wird nun zu deinem Auftrag. Und nun geh. Unser Gesang wird dich begleiten, damit du nie vergisst, dass der Friede in dieser Nacht zur Welt gekommen ist."

Während er noch redete, brach er von einer Palme einen Zweig und hauchte darauf. Und er sprach: „Nimm diesen Zweig mit dir. Er bewahrt den Geruch des Himmels und wird dich in den menschlichen Dünsten stärken." Dann ging er an seinen Platz im himmlischen Chor zurück und sang weiter.

Der Engel des Friedens aber setzte seinen Fuß auf die Felder von Betlehem. Er wanderte mit den Hirten zu dem Kind in der Krippe und öffnete ihnen die Herzen, dass sie verstanden, was sie sahen. Dann ging er in die weite Welt und begann zu wirken.

Angefochten und immer neu verwundet, tut er seither seinen Dienst und sorgt dafür, dass die Sehnsucht nach dem Frieden nie mehr verschwindet, sondern wächst, Menschen beunruhigt und dazu antreibt, Frieden zu suchen und zu schaffen. Wer sich ihm öffnet und ihm hilft, hört plötzlich wie von ferne einen Gesang, der ihn ermutigt, das Werk des Friedens unter den Menschen weiterzuführen.

Werner Reiser

Der Weg des Friedens*

Frieden, das heißt: nicht im Hass leben und nicht im Streit. Frieden, das heißt: nicht sich verzehren in Vorwürfen gegen Gott oder die Menschen. Es heißt: Freundlichkeit geben und nehmen. Vertrauen schaffen und Vertrauen genießen. Es heißt vor allem: nicht beunruhigt sein durch all das, was geschehen ist, was versäumt wurde durch Verschulden und Versagen im ganzen Jahr. Nicht beunruhigt sein durch die Erwartung, es werde auch im neuen Jahr wieder eine Menge Versäumnis und Versagen geben. Frieden heißt: sich mit allem, was war, was ist, was kommt, in die Hände Gottes legen.

Wenn wir uns sorgen um den Frieden unter den Menschen und den Völkern und wissen, dass wir

---

* Titel redaktionell

nach dem Willen unseres Herrn die Friedensstifter
sein sollen; wenn uns darüber gelegentlich der Mut
verlässt und wir uns sagen: Was wollen denn wir
paar armen Menschen? Was wollen denn wir ändern? Was wollen wir verhindern? Dann ist es erst
recht nötig, dass wir gut zuhören, was Jesus seinen
Jüngern, diesem kleinen, gefährdeten Häuflein
machtloser und wehrloser Menschen sagt.

Er sagt nicht: Vertraut auf eure Kraft! Setzt euch
durch! Sondern: „Ich gebe euch Frieden. Euer Herz
erschrecke nicht und fürchte sich nicht!"

Ihr braucht euch nicht zu verstecken. Ihr braucht
keine Helden zu spielen. Ihr braucht die Leute in
Jerusalem und Rom, oder heute die Leute in Bag-
dad oder Washington, nicht zu verfluchen. Ihr habt
keine Panik nötig. Ich gebe euch die Kraft, die der
Geist des Friedens hat.

Macht euch keine Sorgen. Wenn mein Friede in
euch ist, dann geht der Friede, den die Menschen
brauchen, von euch aus. Wo Licht ist, wird es hell.
Wo Kraft ist, wirkt sie. Wo Freiheit ist, breitet sich
Freiheit aus. Das ist einfach. Es ist klar und gewiss.
Ich gebe euch Frieden, und ihr schafft dem Frieden
Raum in dieser Welt. Ihr braucht niemanden zu
hassen, niemanden zu fürchten. Ihr geht wehrlos
euren Weg und schafft Raum für den Geist des
Friedens. Wo immer Menschen an Gewalt glauben,
geht den Weg der Güte. Es gibt keinen anderen Weg
zum Frieden.

Jörg Zink

Der verhaftete Friedensengel

Als die Engel den Lobgesang über den Feldern von Betlehem beendet hatten und sich wieder in die unsichtbare Welt zurückzogen, ließ sich einer von ihnen zur Erde sinken. Ihn drängte es, hinter den Hirten her in die Stadt Davids zu gehen und die Sache zu sehen, die geschehen war. Er ahnte nicht, was mit ihm geschehen würde.

Er hüllte sich in die Gestalt eines Menschen, um wie einer von ihnen dabei zu sein und das Geheimnis des Friedens mit ihren Sinnen zu sehen, zu hören und zu riechen. Dabei verspätete er sich ein wenig und zog allein des Wegs. Als er in das Tor von Betlehem trat, wurde er von römischen Soldaten angehalten. Einer von ihnen fragte den unbekannten Einzelgänger nach dem Ausweis.

„Meinen Ausweis?", fragte er zurück. „Ich habe keinen und ich brauche keinen, ich weiß, wer ich bin."

Und er richtete sich ein wenig auf, um sie seine verborgene Erhabenheit spüren zu lassen. Aber er fiel schnell wieder zusammen, als fremde Hände in seinen Mantel und seine Taschen fuhren und seinen Leib abtasteten.

„Nichts", sagten die Männer, „keinen Ausweis, keine Waffe, kein Geld."

„Nichts?", fragte der Anführer der Gruppe. „Macht nichts, wir nehmen ihn mit. Er ist verhaftet."

Er wurde an bei den Armen gepackt und fortge-
führt. Das war freilich ein ungewohnter Griff, aber
er befremdete ihn nicht allzu sehr. Dass Menschen
zupacken, während Engel nur leise berühren und
führen, wusste er wohl. Er lächelte wissend vor sich
hin und war neugierig, wie es weiterginge. Er war
in Betlehem, in der Nähe des Kindes, und fürchtete
sich vor nichts. Er bedachte nicht, dass die Himmlischen unendliche Geheimnisse kennen, aber in
den irdischen Dingen doch nicht so ganz heimisch
sind. Er sollte bald mit ihnen vertraut werden.

Im Wachlokal führten ihn die Soldaten dem
Wachkommandanten vor. Sie berichteten ihm, wo
sie ihn angehalten hatten und was ihnen verdächtig
vorgekommen war. Der Wachkommandant fasste
ihn ins Auge und begann ein Verhör.

„Wie heißt du?"

Er antwortete: „Ich bin ein Sohn des Friedens."

Der Kommandant befahl dem Schreiber, der neben ihm stand: „Schreibe: Ben Schalom."

Dann fragte er: „Woher kommst du?"

Der Engel antwortete: „Ich komme aus dem
Reich des Lichts."

Der andere erwiderte: „Also von Sonnenauf-
gang?"

Der Engel meinte: „Man kann es auch so sagen."
Er freute sich, dass er recht verstanden wurde.

Der Kommandant diktierte: „Schreibe: von
Osten." Dann fuhr er fort: „Du kommst also von
jenseits unserer Grenzen?"

Der Engel: „Allerdings, von sehr jenseits eurer Grenzen. Aber was heißt das schon, eure Grenzziehung ist für uns nicht gültig, wir sind überall."

Der Kommandant nickte erstaunt: „Das ist sehr aufschlussreich. So viel hat noch keiner freiwillig zugegeben. Ihr seid also viele?"

Der Engel erwiderte: „Ja, wir sind sehr viele, aber das wissen nur wenige von euch."

Darauf der andere: „Wir werden bald mehr darüber wissen." Und dem Schreiber befahl er: „Schreibe: einer von vielen, noch unbekannten feindlichen Kundschaftern aus dem Osten, der unsere Grenzen nicht anerkennt."

Der Engel protestierte: „Nein, nicht feindlich, um Himmels willen. Von jenseits der Grenzen zu kommen, ist alles andere als feindlich!"

Der Wachkommandant wies den Protest zurück: „Mir kannst du nichts vormachen. Ich weiß, wer Freund und wer Feind ist. Im Übrigen hast du nichts zu erklären, du hast nur zu antworten … Du bist also geschickt worden?"

Der Engel fasste neuen Mut und stimmte zu: „So ist es. Ich bin ein Bote."

Der Kommandant griff rasch zu: „Du gibst es zu? Wie lautet dein Auftrag?"

Der Engel wurde verlegen. Ihm wurde bewusst, dass er von sich aus entschieden hatte, auf der Erde zurückzubleiben und menschliche Gestalt anzunehmen. Ein Auftrag war es nicht gewesen. Der an-

dere merkte, wie er zögerte, und fragte nochmals:
„Wie lautet dein Auftrag?"

Der Engel antwortete: „Ich sollte mich in der
Gegend von Betlehem einfinden und dort mit
Menschen des Friedens Verbindung aufnehmen.
Alles Weitere würde sich von selbst ergeben."

Der Wachkommandant besann sich ein Weile und sagte dann: „Man scheint dir bei deinem
Auftrag große Freiheit zu lassen. Du musst einer
von weit oben sein." Dem Schreiber befahl er:
„Schreibe: Die Gegend um Betlehem ist Zentrum
der feindlichen Tätigkeit. Es werden Spitzenleute
eingesetzt."

Der Engel war freudig verwirrt. „Von weit oben"
hatte er gesagt. Merkte dieser misstrauische Mensch
allmählich, mit wem er es zu tun hatte? Er war so
in seine Freude versunken, dass er nicht hörte, was
diktiert wurde. Er sah auch nicht, dass der Kommandant einem Soldaten etwas befahl und dieser
wegging. Er kam erst aus seiner Freude zurück,
als die Türe aufging und der Soldat einige Gefan-
gene hereinbrachte. Der Kommandant stellte sie
dem Engel gegenüber auf und fragte ihn: „Kennst
du diese Männer?" Der Engel schaute sie an und
erkannte sie. Es waren Geschöpfe Gottes, die ihm
anvertraut worden waren. Er hatte sie zu gewissen
Zeiten begleitet und bewahrt. Er nickte: „Ja, ich
kenne sie. Ich war ihnen sehr nahe." Der Vorge-
setzte fragte einen nach dem andern: „Kennst du
diesen da?" Einer nach dem andern schüttelte den

Kopf und sagte: „Nein, ich kenne ihn nicht." Bevor
der Engel noch etwas erwidern konnte, wurden
die Gefangenen abgeführt. Der Wachkommandant
trat vor ihn hin und betonte: „Du kennst sie, aber
sie kennen dich nicht. Du musstest sie überwachen,
nicht wahr? Bei deiner Stellung habe ich nichts anderes erwartet."

„Bewacht habe ich sie, nicht überwacht!", korri-
gierte ihn der Engel.

Aber der andere winkte ab und sagte: „Mir
brauchst du nichts zu erklären. Ich bin im Bild. Es
passt alles zusammen." Er griff nach dem Blatt des
Schreibers und überflog es. „Du gibst zu: Du bist
Ben Schalom, stammst aus einem feindlichen Land
im Osten, respektierst unsere Grenzen nicht, bist
einer von vielen, die uns auskundschaften, du musst
als Sonderbeauftragter in dieser Gegend Leute für
eure Sache gewinnen und bei der Durchführung
eurer Pläne überwachen. Das alles genügt mir."

Der Engel erschrak. So tönte es im Mund eines
Irdischen, was er von sich und seinem überir-
dischen Auftrag erzählt hatte. Er hörte seine eigenen Worte, und doch war alles ganz anders, als
er gesagt hatte und als es war. War denn keines
seiner Worte recht angekommen? Bekamen bei
den Menschen die Worte einen ganz anderen Sinn,
als sie ursprünglich hatten? Bei den Himmlischen
war alles klar, das Wort war geborgen und ruhte in
sich und seiner inneren Wahrheit, aber hier fiel es
wie ein unbeschützter nackter Vogel aus dem Nest

und blieb zerquetscht am Boden liegen. Ihm war bekannt, dass bei den Menschen Worte und Taten auseinanderklafften, die im Himmel eins waren, aber dass die Worte selber auseinanderbrechen könnten, darauf war er nicht vorbereitet gewesen. Ihm wurde es unheimlich zumute. Er war dieser mehrdeutigen Welt nicht gewachsen und sehnte sich in die himmlische Klarheit zurück.

Plötzlich erinnerte er sich seiner Verkleidung und atmete auf. Er brauchte diese menschliche Gestalt nur abzustreifen, um in seinem Glanz vor ihnen zu stehen und aufzufahren. Vielleicht würden sie vor Freude und Ehrfurcht so überwältigt sein, dass sie das Misstrauen ihres Wesens und die Zwiespältigkeit ihrer Worte erkannten und abschüttelten. Er sammelte sich, lockerte Beine und Schultern, streckte die Arme aus, um sich aufzuschwingen und – fiel in sich zusammen. Die Arme fielen herunter, die Füße waren erdenschwer, der Leib gehorchte dem Willen nicht mehr. Alle Kraft zog ihn nach unten. Er rief verzweifelt nach oben um Hilfe, aber niemand kam. Stattdessen hörte er eine leise Stimme, die sagte: „Bleibe, wie du bist. Du bist einer von ihnen und musst es durchstehen wie sie." Es wurde dunkel vor seinen Augen und er brach zusammen. Er kam erst wieder zu sich, als ihn Soldatenhände packten, aufhoben, wegschleppten und auf einen Strohhaufen warfen. „So könnt ihr mich ihnen doch nicht überlassen!", begehrte er nach oben auf.

Da hörte er wieder die leise Stimme, die sagte: „Der Friede beginnt heute Nacht auf einem Strohhaufen." Dann fiel er in einen schweren Schlaf.

Er erwachte, als er grob geschüttelt wurde. Er hatte keine Ahnung, wie lange er geschlafen hatte. Er entsann sich nur, irgendwann einmal geträumt zu haben, dass er einen Mann, der neben einer Krippe lag, gedrängt hatte, mit Frau und Kind das Heim zu verlassen und nach Ägypten zu fliehen.

„Steh auf, du musst zum Kommandanten!", befahl ihm ein Soldat, zerrte ihn hoch und schob ihn vor sich im Dunkeln her.

Es war ein anderer, dem er vorgeführt wurde. Er kannte sich zwar in den irdischen Rängen nicht recht aus, da er stets nur auf die Herzen achtete, aber er spürte gleich, dass dieser mehr zu befehlen hatte und der Sache tiefer nachging. Auch der Kommandant schien etwas von der verborgenen Bedeutung des Vorgeführten zu ahnen und schaute ihn aufmerksam an. Dann blickte er auf ein Blatt und sagte: „Du bist kein gewöhnlicher Bote. Du bist von oberster Stelle eingesetzt." Beide nickten einander schweigend zu. Dann fuhr er fort: „Was ist deine Aufgabe?"

Der Engel antwortete: „Ich will dem Frieden dienen. Ich habe keine andere Absicht."

Der Kommandant erwiderte: „Das tun wir auch. Wir haben auch keine andere Absicht. Wir vertreten überall in der Welt den römischen Frieden. Darin sind wir uns einig. Willst du in unsere

Dienste treten? Wir können Leute von deiner Art gut brauchen."

Der Engel hob abwehrend die Hände: „Ihr vertretet euren Frieden mit Gewalt, Soldaten, Schwertern und Lanzen. Das ist nicht meine Sache."

Der Kommandant antwortete: „Ich weiß, dass du mit andern Mitteln kämpfst. Aber es kommt auf dasselbe heraus. Da, wo du herkommst, gibt es auch Heere und Waffen. Spiel mir nichts vor!"

Er stutzte. Ahnte der andere etwas? Dann erwiderte er: „Es ist ganz anders, als du meinst. Unsere Heere und Waffen sind von geistiger Art und schaden niemandem."

Der Kommandant entgegnete unwillig: „Du bist ein Spion und – was noch gefährlicher ist – ein Schwärmer. Du siehst die Wirklichkeit nicht, wie sie ist. Aber wenn du willst, kannst du auch bei uns mit deinen unblutigen Waffen für den Frieden kämpfen."

Der Engel spürte, wie eine unerwartete Hoffnung in ihm aufkeimte. Er fragte: „Kann ich euren Soldaten den Frieden geben?"

Der Kommandant ging sofort darauf ein: „Warum nicht? Lege ihnen den Frieden in die Seele. Sie haben ihn nötig. In ihren Herzen ist so viel Angst vor dem Tod. Nimm sie ihnen weg und gib ihnen beim Sterben deinen Frieden, das wird für sie eine große Hilfe sein."

Der Engel fuhr auf: „Aber ich werde ihnen dabei etwas ganz anderes ins Herz legen, als du willst, so dass sie die Waffen niederlegen und einen Frieden begehren, der zum Leben und nicht zum Sterben führt. Das werde ich tun, so wahr ich lebe!"

Der Kommandant erwiderte schroff: „Das wirst du nicht tun. Ich sehe, dass du unser Feind bist und bleibst. So wahr du lebst, du wirst noch in dieser Nacht dein Leben verlieren … Wegführen!" Bevor die Soldaten zugriffen, trat der Engel einen Schritt vor und küsste den Kommandanten auf die Stirne.

Als er wieder auf dem Stroh in der Ecke saß, dachte er lange über sein bevorstehendes Ende und seinen misslungenen Friedensweg nach. Noch mehr als das, was mit ihm geschehen sollte, machte ihm bange, dass der Friede den Menschen so unverständlich und fremd blieb. Sie seufzten und schrien zwar nach ihm, aber sobald er unter ihnen zu wirken begann, fürchteten sie ihn. Er machte sie unruhig und unsicher. Lieber verließen sie sich auf ihre hartgetretenen Wege, als sich auf etwas Neues und Werdendes einzulassen. Der Friede war aber doch nicht dazu bestimmt, wie ein schöner Traum über der Erde zu schweben und auf ihr selber nie Fuß zu fassen. Weshalb wurde er den Menschen so schwer gemacht?

„Warum steht ihr uns nicht kräftiger bei und treibt das Werk des Friedens unter uns?", begehrte er nach oben auf.

Da hörte er wieder die leise Stimme, die sagte: „Es gibt keinen Frieden ohne Leiden und Opfer. Er fällt nicht vom Himmel auf die Erde. Er wirkt nur durch Menschen, die ihn wollen. Du bist einer von ihnen.ʺ

In der letzten Stunde der Nacht führten sie ihn hinaus. Einige Soldaten trugen ein Schwert, andere einen Spaten. Kein Mensch war zu sehen, kein Himmlischer zu spüren. Als sie aus dem Tor hinaustraten, sah er in der Morgendämmerung einen Mann neben einem Esel gehen, auf dem eine Frau mit ihrem Kinde saß. Die Soldaten beachteten sie nicht. Er aber fühlte plötzlich eine seltsame Wärme und eine große Freude und flüsterte vor sich hin: „Nur Mut, es geht weiter. Der Friede ist unterwegs.ʺ Dann ging alles sehr schnell. Er spürte den Schlag – und war als Engel des Friedens wieder bei sich. Er stand da und blickte auf die menschliche Hülle, die zu seinen Füßen lag. Er war dankbar für die schmerzliche Erfahrung, die sie ihm in diesen Tagen vermittelt hatte. Niemand nahm ihn wahr. Die Soldaten entfernten sich. Zwei von ihnen blieben mit dem Spaten zurück und hoben ein Grab aus. Er hörte noch zu, wie sie miteinander redeten. Der eine sagte: „Früher habe ich damit meinen Garten umgegraben. Das war eine gute Zeit.

Der andere erwiderte: „ Und ich habe damit den Boden ausgehoben, um die Grundmauern für ein Haus zu legen. Damals war ich glücklich.ʺ Dann gruben sie schweigend weiter.

Er aber machte sich auf den Weg, um die kleine Gruppe einzuholen, die in der Morgendämmerung verschwunden war. Einmal wandte er sich noch um

und sah im ersten Licht des Tages, wie zwei Männer mit einem Spaten auf der Schulter die Gegend
von Betlehem verließen und, ohne es zu wissen,
dem Weg der Frau mit dem Kinde folgten.

Werner Reiser

Weihnacht

Wir harren, Christ, in dunkler Zeit,
gib deinen Stern uns zum Geleit
auf winterlichem Feld.

Du kamest sonst doch Jahr um Jahr,
nimm heut auch unsre Armut wahr
in der verworrnen Welt.

Es geht uns nicht um bunten Traum
von Kinderlust und Lichterbaum,
wir bitten: Blick uns an

und lass uns schaun dein Angesicht,
drin jedermann, was ihm gebricht,
gar leicht verschmerzen kann.

Es kann nicht immer Friede sein.
Wer's recht begreift, der gibt sich drein,
hat jedes seine Zeit.

Nur deinen Frieden, lieber Herr,
begehren wir je mehr und mehr,
je mehr die Welt voll Streit.

Rudolf Alexander Schröder

Gott will im Dunkel wohnen

Das andere Licht

Es war an einem Adventswochenende im vergangenen Jahr. In einem Bildungshaus leitete ich ein Besinnungswochenende für Theologiestudenten und -studentinnen. Während einer Kleingruppenarbeit schlenderte ich ein wenig durch das Tagungshaus.

Aus einem Saal erklang plötzlich das Lied „Ein Licht leuchtet auf in der Dunkelheit". Ich wusste, dass außer unserem Besinnungswochenende an diesem Tag eine Adventsfeier für blinde Menschen stattfand. Neugierig blieb ich stehen. Ob es die Blinden waren, die dieses Lied sangen?

Nach der ersten Strophe wurde es ruhig, dann sprach eine Frau laut den Text für die zweite Strophe vor – und wieder setzte der Gesang ein. „Ein Licht leuchtet auf in der Dunkelheit!"

Jemand öffnete die Tür und verließ den Raum, in dem die Blinden feierten, und ich sah brennende Kerzen auf den Tischen stehen.

Ich wurde plötzlich nachdenklich. Da waren Menschen, die wortwörtlich in der Dunkelheit sind, ohne Hoffnung, jemals wieder das Licht zu sehen. Und da sangen sie das Lied von dem Licht, das in ihre Dunkelheit kommt.

Was mochte ein solcher Text, dieses Lied für diese Menschen bedeuten? Welches Licht ist gemeint? Wie sieht das Licht für einen Menschen aus, der nicht sehen kann? Vielleicht ist es mit diesem Licht so wie mit den brennenden Kerzen, die vor den Blinden standen: Auch deren Licht konnten sie nicht sehen, aber sie wissen, dass es brennt, für sie brennt – und wenn sie sich behutsam diesem Licht nähern, dann spüren sie seine Wärme, hören vielleicht ein leises Knistern, wenn die Flamme im Wind flackert. Ich muss das Licht nicht sehen können, aber ich muss das Vertrauen haben, dass es dieses Licht gibt.

Von diesen blinden Menschen habe ich eine neue Form des Vertrauens gelernt. „Ein Licht leuchtet auf in der Dunkelheit" – das Licht leuchtet, auch wenn ich es vielleicht nicht sehen kann, noch nicht sehen kann.

Andrea Schwarz

Hingabe

Meistens wird Gott
ganz leise
Mensch

die Engel
singen nicht
die Könige gehen vorbei

die Hirten bleiben
bei ihren Herden

meistens wird Gott
ganz leise
Mensch

von der Öffentlichkeit
unbemerkt
von den Menschen
nicht zur Kenntnis genommen

in einer kleinen Zweizimmerwohnung
in einem Asylantenwohnheim
in einem Krankenzimmer
in nächtlicher Verzweiflung
in der Stunde der Einsamkeit
in der Freude am Geliebten

meistens
wird Gott
ganz leise Mensch

wenn Menschen
zu Menschen
werden

Andrea Schwarz

Weihnachtslied 1938

Die Nacht ist vorgedrungen,
der Tag ist nicht mehr fern.
So sei nun Lob gesungen
dem hellen Morgenstern!
Auch wer zur Nacht geweinet,
der stimme froh mit ein.
Der Morgenstern bescheinet
auch deine Angst und Pein.

Dem alle Engel dienen,
wird nun ein Kind und Knecht.
Gott selber ist erschienen
zur Sühne für sein Recht.
Wer schuldig ist auf Erden,
verhüll' nicht mehr sein Haupt.
Er soll errettet werden,
wenn er dem Kinde glaubt.

Die Nacht ist schon im Schwinden,
macht euch zum Stalle auf!
Ihr sollt das Heil dort finden,
das aller Zeiten Lauf
von Anfang an verkündet,
seit eure Schuld geschah.
Nun hat sich euch verbündet,
den Gott selbst ausersah!

Noch manche Nacht wird fallen

auf Menschenleid und -schuld.
Doch wandert nun mit allen
der Stern der Gotteshuld.
Beglänzt von seinem Lichte,
hält euch kein Dunkel mehr.
Von Gottes Angesichte
kam euch die Rettung her.

Gott will im Dunkel wohnen
und hat es doch erhellt!
Als wollte er belohnen,
so richtet er die Welt!
Der sich den Erdkreis baute,
der lässt den Sünder nicht.
Wer hier dem Sohn vertraute,
kommt dort aus dem Gericht!

Jochen Klepper

Und es war, wie es sein wird

… bis wir endlich bereit werden
für diese ganz andere,
unvergleichliche Nacht.

Wir haben sie schon oft durchschritten
und doch noch nicht erfahren.
Und auf einmal steigt sie aus der Erinnerung
herauf als der Friede,
an dem wir vorübergingen,

und das Königreich,
dessen kein Ende sein wird.

Hier ist der große Friede,
der unser ganzes Leben löst.
Er war längst in ihm geborgen,
aber wir wussten es nicht
und suchten ihn ruhelos.

Und es war, wie es sein wird,
solange diese Erde währt.

Durch den Nebel der Tage,
das Dunkel der Sternenwelt
leuchtet der Weihnachtstag
in überschwänglichem Licht.

Die Welt dessen,
der die Dinge der Erde erhoben hat
zur Sprache ewiger Dinge,
ist herbeigekommen.

Reinhold Schneider

Musik der Weihnacht

So war das mit den Engeln

Streit war ausgebrochen unter den Engeln. Die besten Sänger hatte ihr Herr zu einem Chor zusammengestellt. Mit feierlicher, fast etwas erregter Stimme hatte er sie mit einem besonderen Auftrag versehen. Sie sollten weit fort bei der Geburt des Sohnes ihres Herrn singen.

Auf dem Weg dorthin war nun Streit unter ihnen ausgebrochen. Zwei kleine Engelchen, auf der untersten Stufe der Engelhierarchie, behaupteten, der Herr hätte ihnen aufgetragen, sie sollten bei diesem Ereignis einen an deren Text singen. Bisher pflegten sie immer in den verschiedensten Variationen denselben Text zu singen: „Ehre sei Gott in der Höhe."

Und es war wirklich beeindruckend, ihnen zuzuhören, was sie aus diesem Text mit ihren Instrumenten und mit ihren Stimmen alles herausholten.

Aber nun war ein Streit unter ihnen ausgebrochen. Jene zwei schon erwähnten Engelchen, das eine mit krummen Beinen, das andere mit weit abstehenden Flügeln, behaupteten, der Herr hätte ihnen dieses Mal einen anderen Text aufgetragen.

Einige der anderen Engel waren unsicher. Seltsam war es schon, wie der Herr zu ihnen gesprochen hatte. Aber der hatte manches Mal seine unberechenbaren Launen. Besonders auffällig war in der letzten Zeit seine of-fenkundige Sympathie für die Menschen auf der Erde. Das führte schon seit einiger Zeit zu seltsamen Entschlüssen ihres Herrn.

Der Höhepunkt dieser Sympathie für die Menschen war, dass der Herr ausgerechnet bei diesen Menschen seinen Sohn geboren werden ließ. Völlig unverständlich für die Engel. So musste wenigstens gerettet werden, was noch zu retten war, dachte sich der Erzengel und Obersänger. Das unverständliche Ereignis musste wenigstens mit himmlischer Sphärenmusik feierlich umrahmt werden. Die Menschen sollten bei dieser Geburt wissen, dass sie es mit dem Herrn und nicht mit einem ihresgleichen zu tun hatten. Der Erzengel und seine treuen Diener wussten, was sie ihrem Herrn schuldig waren.

Nur diese zwei Engelchen machten Schwierigkeiten und brachten Unruhe unter die Engelschar. Sie behaupteten, der Herr hätte ihnen einen neuen Text aufgetragen. Sie sollten nicht mehr singen „Ehre sei Gott in der Höhe", sondern „Ehre sei Gott in der Tiefe". So unrecht hatten sie ja gar nicht. Der Erzengel hatte es ja auch gehört. Aber das ging nun wirklich über seine himmlische Hutschnur. Das konnte nicht wahr sein, dass Engel plötzlich nicht mehr die himmlische Höhe, sondern die irdische Tiefe besingen sollten. So weit konnte auch ein Engel nicht den Launen seines Herrn folgen.

Und außerdem waren es ja zwei Engelchen von ganz unten in der Hierarchie, die so stur auf dem neuen Text des Herrn beharrten. Die wollten sich doch nur wichtig machen und sich in den Augen des Herrn hervortun. Man kannte sie ja, diese Unruhestifter, die immer etwas Neues wollten. Mit einem scharfen, fast drohenden Blick beendete der Erzengel den ausgebrochenen Streit. Er ermahnte die beiden Aufsässigen, sie sollten sich an das Gewohnte halten, ansonsten sei ihre himmlische Karriere beendet, bevor sie richtig begonnen habe.

Von Weitem sahen sie die hell erleuchtete Stadt Jerusalem. Aber der Stern, der ihnen als Wegweiser mitgegeben war, zeigte ihnen deutlich, dass ihr Weg weiterführte auf ein Hirtenfeld nahe bei dem fast unbekannten Provinznest Betlehem. So richtige Stimmung wollte bei den Engeln in dieser Umgebung gar nicht aufkommen. Vor ein paar erschrockenen Hirten hatten sie noch nie Musik gemacht.

Nur zwei kleine Engelchen fielen den Hirten besonders auf, das eine mit krummen Beinen, das andere mit abstehenden Flügeln. Sie sangen besonders fröhlich und hüpften lustig auf dem Feld herum.

Und als der mit den krummen Beinen ganz nah an einem Hirten vorbeikam, flüsterte er ihm leise ins Ohr, so dass es der Erzengel nicht hören konnte: „Ehre sei Gott in der Tiefe." Da wurde der erschrockene Hirte ganz froh, und später erzählte er es seinen Freunden und die wurden auch froh,

und der neue Text des himmlischen Herrn hatte
sich bald herumgesprochen.

Theodor Leonhard

Von den musizierenden Mönchen

Es ist schon lange her, da lebte in tiefer Wald-
abgeschiedenheit eine Brüderschaft alter, sehr alter
Mönche, so alt, dass mancher unter ihnen mit dem
Fuße schon an der Schwelle des Paradieses stand.
Ihre Herzen aber waren jung und warm geblieben
im Dienste Gottes, ihre Liebe so glühend, dass ihr
Lobpreisen, ihre Dankeshymne immer kräftiger
erscholl, je schwerer die Jahre auf ihre Schultern
drückten und je mehr sich ihre Häupter mit Schnee
bedeckten. Man hörte sie von Weitem singen, die
braven Brüder, und angesichts dieser unverwüst-
lichen Freude fragten sich manche Menschenkinder verwundert: „Worüber freuen sich denn die
ehrwürdigen Brüder, sie haben doch gar keinen
Grund zur Freude?"

Wirklich, was die Menschenkinder sprachen, war
wahr. Die ehrwürdigen Brüder besaßen nichts von
alledem, was das Leben schön macht auf irdische
Art. Sie bewohnten eine Felsenhöhle im Walde,
deren zerklüftete Spalten ihnen als Fenster dienten
und deren einziger Luxus eine breite Holztür war,
die ein Unbekannter, ein Engel vielleicht, in einer
Winternacht vor den Ausgang geschoben hatte.

Die alten Mönche sangen ihre Dankbarkeit laut in den Wald hinaus. Doch da sie nun einmal Menschen waren, hatte in den rauen Tagen der Klang ihrer Stimmen gelitten, und die böse Welt begann den Lobgesang als störend zu empfinden, um so mehr, da er sie in ihrem Vergnügen, in ihrem Wohlleben, in ihrer Lust störte.

„Dieses Geschrei geht einem durch Mark und Bein", sagten die Gottlosen.

„Wenn auch nicht gerade das", meinten andere, „aber gottesjämmerlich falsch singen sie wirklich."

Und das – leider – war das einzig Wahre an dem Gerede der Welt. Die braven alten Mönche sangen falsch, erbärmlich falsch.

Weihnachten kam … Bis spät in die Nacht hatten die Mönche am Heiligen Abend gebetet, und als sie sich nun zum Gesang erhoben, da klopfte es an die Tür. „Herein", riefen die Brüder im Chor. Ein junger Mann stand auf der Schwelle und bat, halb erfroren, um Obdach und Brot. Die Brüderschaft empfing ihn, wie sie einen Gesandten Gottes empfangen hätte. Der Jüngling nahm, was ihm geboten wurde, er aß, was halbwegs essbar war, und dankte für das gerettete Leben. Er erzählte, wie er, ein junger Sänger, vom Hof des Prinzen bei Nacht und Kälte habe fliehen müssen, um den Nachstellungen seiner Feinde zu entgehen.

„Ein Sänger, ein richtiger Sänger unter uns", freuten sich die guten Brüder.

„Das wird eine Mitternachtsmesse werden!", jubelte Bruder Laurentius.

Und der Sänger sang in der Nacht, wie in diesem Walde noch nie gesungen worden war, herrlich und schön.

Es tagte noch nicht, da brachen die Mönche zur Frühmesse auf. Als sie die Tür der Kapelle öffneten, strahlte ihnen ein Licht entgegen, so blitzhell, dass sie zuerst geblendet die Augen schlossen. In heller Glorie stand ein Engel da, und als sie endlich schauen konnten, da merkten sie, dass er sie traurig ansah.

„Was ist mit den ehrwürdigen Brüdern geschehen", fragte er milde, „dass wir in der Heiligen Nacht ihren herrlichen Gesang entbehren mussten?"

Der große, strahlende Engel musste seine Frage mehrmals wiederholen, ehe die Mönche begriffen, dass sie ihnen galt.

„Wir – und herrlicher Gesang! Verzeihung, himmlischer Bruder, aber das sind doch nicht wir? Wir singen falsch, wie allgemein bekannt", erwiderten sie im Chor.

Der Engel schüttelte den Kopf. „Wir da oben hören nur das herrliche Loblied, das aus der Tiefe eurer Herzen kommt, und gestern Abend haben wir es in unserer Seligkeit entbehrt."

„Für uns hat ein begnadeter Sänger gesungen, habt ihr nicht seiner wundervollen Stimme gelauscht?"

„Nein", sagte der Engel nachdenklich. „Die schönste Stimme kann uns nicht erreichen, wenn sie ihrer selbst nicht vergessen kann und wenn sie nicht von Gottes Liebe beseelt ist."

Der Sänger erkannte, dass diese Worte ihm galten, und er erschrak zutiefst.

Die musizierenden Mönche aber setzten ihren Lobgesang fort bis zu ihrem Tode, und der letzte, Bruder Laurentius, sang noch am Sterbelager mit jener wohlklingenden Stimme, die nur einen Ton hatte.

Gelobt sei der Herr, der sich gnädig jedem Liede neigt, das aus reinem Herzen und gutem Willen erklingt. Amen.

Helene Haluschka

Auf einen Blick

Kurztext • 1-3 min. •• über 3 min. •••

Titel	Autorin/ Autor	Worum es geht	Vor- lese- zeit	Seite
Das Flötenlied	Max Bolliger	Ein junger Hirte über- windet seine Enttäu- schung, dass der von ihm erwartete Retter nicht als machtvoller König, sondern als kleines Kind kommt.	•••	60
Als ob die Hirten einen anderen Herrn hätten ...	Josef Reding	Der Pächter Ibrahim schreibt einen Brief an den Besitzer des Grund- stücks, auf dem der Stall steht, und schildert ihm aus seiner Sicht die Ereig- nisse der Heiligen Nacht.	•••	64
Auf dem Wege	Rudolf Hagelstange	Am abendlichen Lager- feuer hat einer der drei Sterndeuter eine Vision und spricht prophetische Worte über das kommen- de Friedensreich.	•••	70
Die drei Könige und ihre Knechte auf dem Heimweg	Werner Reiser	Die Begegnung mit dem Kind stellt auch die Welt der drei Könige auf den Kopf.	•••	75
Großvaters „Geburt"	Gudrun Pausewang	Erinnerung der Enkel- tochter an die große Krippenszene, die der Großvater immer am 1. Advent aufgebaut hat.	•••	79
Schaufel und Besen	Luise Rinser	Das Kind glaubt, dass das allwissende Christkind seine Wünsche sowieso kennt. Es schreibt deshalb keinen Wunschzettel und erlebt daraufhin eine Enttäuschung.	••	84

Titel	Autorin/ Autor	Worum es geht	Vor- lese- zeit	Seite
Die Puppe Alice	Anneliese Probst	Ein Kind hat Mitleid mit der Großmutter, die oft allein ist. Es beschließt, ihr seine liebste Puppe zu schenken und macht die Erfahrung, dass Schenken manchmal auch wehtun kann.	•••	86
Weihnachten der Kindheit	Hermann Hesse	Der Autor erinnert sich, wie ihm durch ein unscheinbares Ereignis am Weihnachtsabend bewusst wurde, dass er das Land der Kindheit endgültig verlassen hatte.	•••	95
Eine andere Weihnachtsge- schichte	Heinrich Albertz	Wenn nicht Heiligabend gewesen wäre, hätte die Familie den herrenlosen, halb verhungerten Hund nicht aufgenommen. Er kam ins Haus und blieb 14 Jahre bis zu seinem Tod.	••	103
Geboren am 24. Dezember 1945	Christine Brückner	In der Heiligen Nacht wird in einem Lazarett in Hunger und Kälte ein Kind geboren – ein symbolhaftes Ereignis, das die Beteiligten an die Geburt Christi erinnert.	•••	105
Der Engel des Friedens	Werner Reiser	Ein kleiner Engel be- kommt den Auftrag, unter den Menschen die Sehnsucht nach Frieden wach zu halten.	•••	116

Titel	Autorin/ Autor	Worum es geht	Vor- lese- zeit	Seite
Der verhaftete Friedensengel	Werner Reiser	Ein Engel nimmt Menschengestalt an. Er wird verhaftet. Alles, was er im anschließenden Verhör sagt, bekommt bei den Menschen einen anderen Sinn.	•••	123
So war das mit den Engeln	Theodor Leonhard	Zwei kleine Engel, die mit dem Engelschor den Hirten die frohe Botschaft bringen sollen, stiften Verwirrung, weil sie statt „Ehre sei Gott in der Höhe" singen wollen: „Ehre sei Gott in der Tiefe".	•••	140
Von den musizierenden Mönchen	Helene Haluschka	Im Himmel hört man lieber einen erbärmlich klingenden Gesang, der aus dem Herzen kommt, als einen herrlich klingenden, der nicht von der Liebe Gottes beseelt ist.	•••	143
Besinnliche Texte				
Der Zauber des Advents	Andrea Schwarz	Die Adventszeit mit allen Sinnen erleben – hören, sehen, fühlen, riechen –, ohne die Radikalität der Botschaft dabei zu vergessen	••	8
Jesaija singt ein Jubellied	Nach Jesaja 35,1-10	Jubellied auf den kommenden Retter. Übertragung des Jesaja-Textes in die Sprache unserer Zeit	••	10

Titel	Autorin/ Autor	Worum es geht	Vor- lese- zeit	Seite
Weihnachts- briefe	Theodor Storm Paula Becker- Modersohn	– Theodor Storm an Gottfried Keller über die Festvorbereitungen in seinem Haus. – Paula Becker-Moder- sohn an Rilke über ihre Gefühle zum bevorste- henden Fest; – an ihren Bräutigam über das Mysterium des Festes.	•••	35
Eine Geschichte – einfach und streng	Heinrich Albertz	Reflexionen über die Weihnachtsgeschichte aus dem Lukasevangelium. Man kann ein Leben lang darüber nachdenken	•••	37
Weihnachten mit Martin Luther	Dietrich Steinwede	Was Weihnachten für Luther bedeutete und wie uns sein Weihnachtsglau- ben in Liedern, Worten und Predigten überliefert ist.	•••	41
Ich brauche Weihnachten	Hans Graf von Lehndorff	Gedanken darüber, was Weihnachten für das Kind früher und was es für den erwachsenen Mann heute bedeutet.	•••	48
Es wird gut sein	Gertrud von Le Fort	Über allem weltlichen Treiben und weihnachtli- cher Geschäftigkeit nicht das Kind von Bethlehem vergessen, in dem Gott sich offenbart hat.	•••	101
Weihnachts- urlaub im Krieg	Jochen Klepper	Der Weihnachtsgottes- dienst bietet den Men- schen, auch denen, die eine andere Sprache sprechen, Wärme und Heimat.	••	113

Titel	Autorin/ Autor	Worum es geht	Vor- lese- zeit	Seite
Magnificat	Rainer Maria Rilke	Während des Besuchs bei ihrer Verwandten Elisabeth preist Maria Gott, weil er sie unter allen Frauen auserwählt hat (nach Lk 1,39-45).	•	26
Geboren ist das Kind zur Nacht	Ursula Wölfel	Die Tür zum Stall ist offen für alle. Auch du kannst hingehen und eintreten.	•	34
Heilige Nacht	Manfred Hausmann	Die alltägliche Seite der Geburtsgeschichte: Niemand merkt, dass etwas Besonderes gesche- hen ist. Aber das wird nicht so bleiben.	•	40
Zum 24. Dezember (Kurzgedicht)	Theodor Fontane	Das Weihnachtsfest ist Anlass, Rückschau auf das Leben zu halten.	•	53
Die Hirten	Werner Bergengruen	Die Hirten haben die Botschaft der Engel vernommen und sind nach Bethlehem geeilt. Verlegen stehen sie um die Krippe und hoffen auf einen freundlichen Blick des Kindes.	••	63
Denkt doch, was Demut ist (Kurzgedicht)	Angelus Silesius	Die Hirten dürfen den Mensch gewordenen Gott als Erste sehen.	•	68
Die Weisen	Manfred Hausmann	Die drei Weisen sehen den Stern und machen sich auf ins Ungewisse. Was wird sie erwarten?	••	69
Abendmahls- lied zu Weih- nachten	Jochen Klepper	Die Weihnachtsbotschaft ist zuerst an die Leiden- den und Schuldigen gerichtet. Über der Krippe steht schon das Kreuz.	••	112

Titel	Autorin/ Autor	Worum es geht	Vor-lese-zeit	Seite
Weihnacht	Rudolf Alexander Schröder	Bitte um den Frieden Gottes in der unfried-lichen Welt.	•	133
Hingabe	Andrea Schwarz	Gott ist überall dort, wo Menschen einander menschlich begegnen.	•	135
Weihnachtslied 1938	Jochen Klepper	Seit Gott im Krippenkind erschienen ist, ist das Dunkel hell geworden, erfahren Trost und Hoffnung alle, die an das Kind glauben und ihm vertrauen.	••	137
Und es war, wie es sein wird	Reinhold Schneider	In der Heiligen Nacht liegt der große Friede ver-borgen, den die Menschen suchen, solange die Erde währt.	••	138

Quellenverzeichnis

Wir danken folgenden Autoren und Verlagen für die freundlich erteilte Abdruckerlaubnis:

Albertz, Heinrich Eine andere Weihnachtsgeschichte, S.103; aus: Martin Scharpe, Heilige Nacht, Heiliger Tag, © Radius-Verlag, Stuttgart; Eine Geschichte - einfach und streng, S. 37, © Ilse Albertz, Bremen

Ausländer, Rose Kennst du den Zauber, S. 8, aus: dies., *Und preise die kühlende Liebe der Luft.* Gedichte 1983-1987, © S. Fischer Verlag GmbH, Frankfurt am Main, 1988

Bergengruen Werner Die Hirten, S. 63 , aus: Figur und Schatten, 1958 © Dr. N. Luise Hackelsberger, Neustadt

Bodelschwingh, Friedrich von Das Wort der Weihnacht, S. 116

Bolliger, Max Das Flötenlied, S. 60, © beim Autor

Bonhoeffer, Dietrich Dietrich Bonhoeffer an die Eltern, S. 114, aus: Widerstand und Ergebung, © by Gütersloher Verlagshaus, Gütersloh, in der Verlagsgruppe Random House GmbH, München

Brückner, Christine Geboren am 24. Dezember 1945, S. 105, aus: Was ist schon ein Jahr?, © 1987 Ullstein Buchverlage GmbH, Berlin

Fontane, Theodor Zum 24. Dezember, S. 53

Hagelstange, Rudolf Auf dem Wege, S. 70, © Regine Stolzke, Dreieich

Haluschka, Helene Von den musizierenden Mönchen, S. 143

Hausmann, Manfred Gespräch der Hirten, S. 54; aus: ders., Quartier bei Magelone. Erzählungen aus den Jahren 1935-1955, © S. Fischer Verlag GmbH, Frankfurt am Main 1983 - Heilige Nacht, S. 40, © Neunkirchener Verlag, Neukirchen Vluyn

Hesse, Herrmann Weihnachten der Kindheit, S. 94, (Titel redaktionell – Originaltitel „Erinnerung an Hans"), aus: Sämtliche Werke, Band 12: Autobiographische Schriften II, Selbstzeugnisse. Erinnerungen.

Gedenkblätter und Rundbriefe, © Suhrkamp Verlag Frankfurt am Main, 2003

Klepper, Jochen Abendmahlslied zu Weihnachten, S. 112; Weihnachtslied 1938, S. 137; aus: ders. „Kyrie-Geistliche Lieder, Luther Verlag Bielefeld, 20. Aufl. 1998; Kriegs-Weihnachtsurlaub, S. 113, aus: ders. Unter dem Schatten deiner Flügel, Deutsche Verlagsanstalt, Stuttgart 1956

Le Fort, Gertrud von Es wird gut sein, S. 101, aus: das kleine Weihnachtsbuch, © 1954, 2005 by Arche Literatur Verlag AG, Zürich-Hamburg

Lehndorff, Hans Graf von Ich brauche Weihnachten, S. 48

Leonhard, Theodor So war das mit den Engeln, S. 140

Ottstadt, Giesela Als der Engel gegangen war, S. 22

Pausewang, Gudrun Großvaters „Geburt", S. 79, © bei der Autorin

Probst, Anneliese Die Puppe Alice, S. 86

Reding, Josef Als ob die Hirten einen anderen Herrn hätten..., S. 64, © beim Autor

Reiser, Werner Der verhaftete Friedensengel, S. 123, © beim Autor; Die drei Könige und ihre Knechte auf dem Heimweg, S. 75, Der Engel des Friedens, (Titel redaktionell) S. 1116, aus: ders. Vom Engel, der nicht mitsingen wollte, © 2004 Brunnen Verlag, Gießen

Rieß, Jochen Adventslied, S. 19

Rilke, Rainer Maria Magnificat, S. 26; Nicht, dass ein Engel eintrat, S. 21

Rinser, Luise Schaufel und Besen, S. 84, © by Arche Literatur Verlag AG, Zürich-Hamburg

Schneider, Reinhold Und es war, wie es sein wird, S. 138

Schröder, Rudolf Alexander Weihnacht, S. 133, aus: Gesammelte Werke Bd. l, Die Gedichte, © Suhrkamp Verlag Frankfurt am Main, 1952

Schwarz, Andrea Das andere Licht, S. 134; Der Zauber des Advents, S. 8; Hingabe, S. 134, aus: Andrea Schwarz, Wenn ich meinem Dunkel traue, © Verlag Herder, Freiburg im Breisgau, 8. Aufl. 2001

Silesius, Angelus   Denkt doch, was Demut ist, S. 68

Steinwede, Dietrich   Weihnachten mit Martin Luther, S. 41, © beim Autor

Timmermans, Felix   Wie Franziskus Weihnachten feierte, S. 43, aus: ders. Franziskus. Roman. Deutsch von Peter Mertens, © Insel Verlag Frankfurt am Main und Leipzig 1983

Wiemer, Rudolf Otto   Der Brief, S. 11; In dunklen Tagen, S. 18; Wenn das man gut geht, S. 27, © R.O. Wiemer-Erben, Hildesheim

Wölfel, Ursula   Geboren ist das Kind zur Nacht, S. 32 © bei der Autorin

Zink, Jörg   Der Weg des Friedens, (Titel redaktionell) S. 121, © Verlag Am Eschbach, Eschbach

Leider war es uns trotz sorgfältiger Recherchen nicht möglich, alle Rechtsinhaber ausfindig zu machen. Für Hinweise sind Verlag und Herausgeber dankbar.

Es könnte zutreffen, was Dichter und viele andere sagen: Die Liebe sei das Einzige, was zähle unter uns. Wie voll ist die Welt von Liebe. Liebesabenteuer, Liebesaffären gibt es zuhauf. Liebesfreud und Liebesleid, Liebesschmerz und Liebesglück wechseln einander ab. Liebesdramen ereignen sich. Liebeskummer quält die Seelen. Heimliche Liebe hingegen wärmt die Herzen.

Dietrich Steinwede versammelt in diesem Buch berührende Gedichte und Geschichten zum unerschöpflichen Thema Liebe – Texte, die guttun und zum Nachdenken anregen. Das Buch will Begleiter sein für stille Lesestunden, die Texte eignen sich aber auch zum Vorlesen in größerem Kreis.

■ **Denn niemals hört die Liebe auf**
Geschichten, Gedichte und Gedanken, die guttun
Ein Vorlesebuch
Herausgegeben von Dietrich Steinwede
136 Seiten, gebunden, mit Leseband
Format: 12,5 x 20,5 cm
ISBN 978-3-7806-3044-5

Autorinnen und Autoren:
Augustinus, Bertolt Brecht, Irmela Brender, Hilde Domin, Erich Fried, Khalil Gibran, Manfred Hausmann, Else Lasker-Schüler, Gina Ruck-Pauquèt, Theodor Storm, Rudolf Otto Wiemer u.v.m.

Kaufmann Verlag
Postfach 22 08 · 77912 Lahr
Telefon   0 78 21 / 93 90-0

www.kaufmann-verlag.de
Telefax 0 78 21 / 93 90-11
info@kaufmann-verlag.de

Sonja Schrecklein, bekannt aus vielen Fernsehsendungen des SWR, hat in ihrem Bücherschrank gestöbert, ihre liebsten Weihnachtsgeschichten rausgesucht, eigene Geschichten hinzugefügt und so ein wunderschönes Weihnachtsbuch zusammengestellt – für alle, die sich an den langen Winterabenden vom Zauber der Weihnacht anrühren lassen wollen. Manch einer wird seine eigene Lieblingsgeschichte in diesem Buch wiederfinden, aber auch neue Texte, neue Gedichte entdecken.

Sonja Schrecklein
■ **Das Sonja Schrecklein Weihnachtsbuch**
Mit Geschichten und Gedichten von bekannten Autoren
152 Seiten, gebunden
Format: 12,5 x 20,5 cm
ISBN 978-3-7806-3021-6

Autorinnen und Autoren:
Hans Christian Andersen, Wolfgang Borchert, Wilhelm Busch, Matthias Claudius, Marieluise Fleißer, Gertrud Fussenegger, Manfred Hausmann, Erich Kästner, Selma Lagerlöf, Peter Rosegger, Eugen Roth, Adalbert Stifter, Theodor Storm, Karl-Heinrich Waggerl

Kaufmann Verlag
Postfach 22 08 · 77912 Lahr
Telefon   0 78 21 / 93 90-0
www.kaufmann-verlag.de
Telefax 0 /8 21 / 93 90-11
info@kaufmann-verlag.de